어린이교육의 기본 바로 알기 시리즈 ⑬

변화의 씨앗 – 놀이를 통한 지속가능발전교육 바로 알기

김혜경 · 정은주 · 박지원 · 황인희 · 박수민 · 구민경 · 방수지

대한어린이교육협회 창지사

머리말

안녕하십니까, 본 서에서는 '변화의 씨앗 – 놀이를 통한 지속가능발전교육 바로 알기'를 주제로 유아교육에서의 지속가능발전교육에 대하여 탐구하고자 합니다. 오늘날 우리는 점점 더 증가하는 환경 문제와 사회 · 경제적 문제에 직면해 있고 이러한 문제들은 인류의 삶과 미래에 심각한 영향력을 미치고 있습니다. 환경 문제는 우리의 생태계와 생물 다양성을 파괴하며, 자원 고갈은 우리의 미래 세대에게 적절한 자원 확보를 어렵게 만들 수 있습니다. 또한, 사회 · 경제적 문제는 불평등과 사회적 갈등을 증가시키며, 인간의 기본적인 권리와 자유를 제한할 수 있습니다.

지속가능발전은 이러한 문제들을 해결하고 우리의 삶과 인류의 미래를 보호하기 위한 중요한 개념입니다. 지속가능발전은 환경, 사회, 경제의 균형을 추구하며, 지구와 인간의 조화로운 공존을 목표로 합니다. 어린이들은 우리의 지속가능한 미래를 구축하는 중요한 주체이며 유아기는 인성과 가치관, 태도를 형성하는 결정적 시기이므로 지속가능발전교육을 유아교육에 통합함으로써 유아들이 환경 책임, 사회적 통찰력, 협력과 문제 해결 능력 등을 발달시킬 수 있도록 도와야 합니다.

이러한 필요성을 바탕으로 본 책은 지속가능발전에 관한 개요 및 유아교육에서의 지속가능발전교육의 필요성에 대한 내용을 담았습니다. 또한 지속가능발전교육 실행의 핵심주체인 교사들의 인식변화와 실행능력 증진을 위한 교사공동체 운영과정 및 변화에 대하여 살펴보고자 합니다. 지속가능발전교육의 적용 사례로 첫째, 교사공동체 이전에 실행했던 놀이사례를 지속가능발전교육의 관점으로 재발견한 분석사례와 둘째, 지속가능발전교육의 원칙과 가치를 적용하며 실행한 경제분야, 사회문화분야, 환경분야의 놀이사례를 구체적으로 소개하고자 합니다. 이를 통해 교육현장에 계신 분들에게 지속가능발전교육의 중요성을 알리고, 지속가능발전 놀이사례와 참고자료를 통해 적극적인 참여를 격려하고자 합니다.

지속가능발전교육은 우리의 미래에 대한 희망을 키우고 유아들이 앞으로 자라날 지속가능한 세계를 구현하는 데 필수적인 교육입니다. 이 책을 통해 우리 모두가 더 나은 미래를 위해 손을 맞잡고 함께 나아갈 수 있기를 기대합니다.

2023년 7월

저자 일동

차례

변화의 씨앗 –
놀이를 통한 지속가능
발전교육 바로 알기

Ⅰ. 지속가능발전교육의 의미: 유아와 교사의 삶의 변화를 위하여

1. 지속가능발전

◆ 지속가능발전의 의미와 주요 영역

- 현재 인류는 기후변화, 자원고갈, 전쟁, 환경오염, 생물 다양성 감소 등으로 심각한 환경위기에 처해있고 COVID 19 이후 빈부격차와 양극화의 문제는 더욱 심화되었다(서경혜, 황승우 2021). 이러한 위기상황들은 인류의 삶과 지구 생태계에 막대한 영향을 미치고 있으며, 인간과 자연의 조화와 균형을 위협하고 있다. 이를 극복하고 함께 살아가는 공동체로서 문제를 해결하기 위한 방안으로 지속가능발전에 대한 관심이 높아지고 있다.
- 지속가능발전은 '미래 세대가 그들의 필요를 충족시킬 능력을 저해하지 않으면서 현 세대의 필요를 충족시키는 발전'을 의미하며 1987년 개최된 UN의 환경 및 발전에 관한 세계위원회(WCED)가 발표한 '우리의 공동된 미래' 블룬트란드 보고서에서 처음으로 제시되었다.
- 지속가능발전은 경제적, 사회문화적, 환경적 영역으로 나뉘며, 이 모든 영역을 고려하여 현재의 발전을 추구하는 동시에 미래 세대의 지속가능한 삶을 보장하는 방향으로 나아가는 접근을 의미한다(UNESCO, 2005).

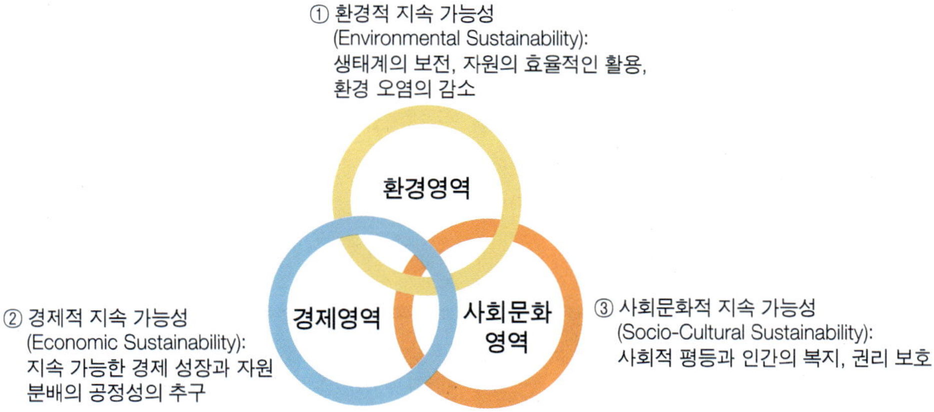

〈 지속가능발전 3대 주요 영역 〉

출처: Unesco(2018a), Integrating education for sustainable development in teacher education in South East Asia: A guide for teacher educators)

◆ 지속가능발전목표

2015년도 UN개발 정상회의에서 '2030 지속가능발전 의제'로 지속가능발전을 실현시키기 위하여 17개 지속가능발전목표와 169개의 세부목표를 선정하였다. 지속가능발전목표는 지구 전체가 당면한 위기를 해결하기 위한 인류가 실행해야 하는 주요 과제이다. 17개의 목표는 전 세계적인 지속가능한 발전을 이루기 위한 공동의 노력을 표현하고 있으며, 경제, 사회문화, 환경의 각 영역에서 문제를 해결하고 지속가능한 미래를 위한 틀을 제공한다 (UN, 2015).

17개의 목표는 다음과 같다.

① 빈곤 퇴치 (No Poverty): 모든 곳에서 모든 형태의 빈곤 종식

② 기아 종식 (Zero Hunger): 기아 종식, 식량안보 달성, 개선된 영양상태의 달성과 지속가능한 농업 강화

③ 건강과 웰빙 (Good Health and Well-being): 모든 연령층을 위한 건강한 삶 보장과 웰빙 증진

〈 17개 지속가능발전목표 〉

출처: 유엔한국위원회(2021). SDGs 돋보기

④ 양질의 교육 (Quality Education): 포용적이고 공평한 양질의 교육보장과 모두를 위한 평생학습 기회 증진

⑤ 성평등 (Gender Equality): 성평등 달성과 모든 여성 및 여아의 권익신장

⑥ 깨끗한 물과 위생 (Clean Water and Sanitation): 모두를 위한 물과 위생의 이용가능성과 지속가능한 관리 보장

⑦ 적정가격의 깨끗한 에너지 (Affordable and Clean Energy): 모두를 위한 적정가격의 신뢰할 수 있고 지속가능하며 현대적인 에너지에 대한 접근 보장

⑧ 양질의 일자리와 경제성장 (Decent Work and Economic Growth): 지속적 · 포용적 · 지속가능한 경제성장, 완전하고 생산적인 고용과 모두를 위한 양질의 일자리 증진

⑨ 산업, 혁신, 사회기반시설 (Industry, Innovation and Infrastructure): 회복력 있는 사회기반시설 구축, 포용적이고 지속가능한 산업화 증진과 혁신 도모

⑩ 불평등 감소 (Reduced Inequalities): 국내 및 국가 간 불평등 감소

⑪ 지속가능한 도시와 지역사회 (Sustainable Cities and Communities): 포용적이고 안전하며 회복력 있고 지속가능한 도시와 주거지 조성

⑫ 책임있는 소비와 생산 (Responsible Consumption and Production): 지속가능한 소비와 생산 양식의 보장

⑬ 기후 행동 (Climate Action): 기후변화와 그로 인한 영향에 맞서기 위한 긴급 대응

⑭ 수생태계 보전 (Life Below Water): 지속가능발전을 위하여 대양, 바다, 해양자원의 보전과 지속 가능한 이용

⑮ 육상생태계 보전 (Life on Land): 생태계 보전과 복원을 통해 생물 다양성을 보호하고 지속 가능한 방식으로 자원을 관리

⑯ 평화, 정의, 강력한 제도 (Peace, Justice and Strong Institutions): 지속가능발전을 위한 평화롭고 포용적인 사회 증진, 모두에게 정의 보장과 모든 수준에서 효과적이고 책임성 있으며 포용적인 제도 구축

⑰ 목표 달성을 위한 파트너십 (Partnerships for the Goals): 이행수단 강화와 지속가능발전을 위한 글로벌 파트너십 재활성화

함께 생각해봐요 – 쓰레기는 환경문제일 뿐일까요?

사진출처: 미국 CBS 뉴스 화면, 2021.9.16. 방송

많은 사람들은 지속가능발전을 생각하면 주로 환경보호를 떠올린다. 그러나 지속가능발전이란 단순히 환경을 보호하는 것만으로는 부족하며 사회문화와 경제 문제도 함께 해결해야 실현될 수 있음을 위의 사진은 보여준다.

위의 사진 속 거대한 헌 옷 쓰레기 산은 2021년 미국 CBS 방송에서 소개한 가나의 사례이다. 가나는 미국의 헌옷들이 수출되는 국가 중 하나로, 재활용이 되지 못한 옷들은 위와 같이 버려지고 있다. 또한 칠레의 아타카마 사막도 전 세계에서 수입되어 버려진 쓰레기 옷들로 가득 차 있어 인공위성 사진에서도 보일 정도다.

이는 단순히 버려진 옷들이 환경에 해를 끼치는 현상으로만 보이지만 사실은 헌 옷들 대부분은 선진국 내 다국적 의류기업이 개발도상국의 공장에서 대량으로 생산하는 저렴한 플라스틱 섬유 소재의 옷들이다. 이러한 생산 방식으로 만들어진 옷들은 '패스트 패션(Fast Fashion)'이라고 불리며, 소비자들이 저렴한 가격에 구매하고 단기간 착용 후 쉽게 소비되고 있다.

대부분 합성 섬유로 만들어진 이러한 옷들은 재활용이 어렵기 때문에 환경에 부정적인 영향을 미친다. 선진국들에서는 자국의 환경보호를 위해 개발도상국으로 쓰레기를 배출하는 경우도 있어, 이는 개발도상국의 환경과 사회적 문제를 야기할 수 있다. 이러한 문제를 해결하고 지속가능한 패션 산업을 구축하기 위해서는 환경에 친화적인 소재와 생산 방식을 채택하고, 소비자들의 소비 습관과 의식을 변화시키는 등의 노력이 필요하다. 이러한 사실은 헌 옷의 문제가 단순한 환경보호만의 문제가 아닌 국가 간 불평등, 빈곤, 산업구조 등의 사회 · 경제적 문제와 깊게 연관되어 있음을 보여주고 있다. 사회문화, 경제 분야와 환경의 포괄적 관점으로 현재 일어나는 문제 상황을 바라보지 않으면 궁극적 지속가능발전의 실현은 어려울 수 있다.

2. 지속가능발전교육과 유아교육

◆ **지속가능발전교육이란?**

지속가능발전교육(Education for Sustainable Development: ESD)이란 교육과정 및 교육 환경을 통해 학습자들에게 지속가능성에 대한 인식과 이해를 제고하고, 지속가능한 사회와 환경을 구현하기 위한 지식, 가치관, 태도, 기술, 행동 등을 함양하는 교육을 의미한다(UNESCO, 2004).

◆ **지속가능발전교육의 목표**

유네스코한국위원회(2019)는 지속가능발전교육이 달성하기 위한 목표를 크게 인지적, 사회·정서적, 행동적 영역으로 나누어 학습자들이 성취해야 하는 내용을 다음과 같이 정의하였다.

학습목표	내용
인지적 영역	지속가능발전의 개념 및 필요성, 지속가능발전목표와 그 달성에 따른 과제를 이해하는데 필요한 지식과 사고력
사회·정서적 영역	학습자가 스스로를 개발할 수 있는 자아성찰 능력, 가치, 태도, 동기 부여 및 SDGs 증진을 위해 협력, 협상, 소통할 수 있는 사회적 기술
행동적 영역	행동 역량

출처: 유네스코한국위원회, 2019, p. 11

◆ **지속가능발전교육의 핵심역량**

지속가능발전교육을 통하여 학습자들이 성취하게 될 역량은 크게 8개 역량으로 구성된다. 이러한 역량은 지속가능한 사회를 구축해 나가는 시민이 되기 위한 기초가 되며, 핵심역량은 외부에서 제공되는 지식의 습득으로만이 아닌 경험을 통해 학습자가 스스로 체득해야 한다(유네스코한국위원회, 2019).

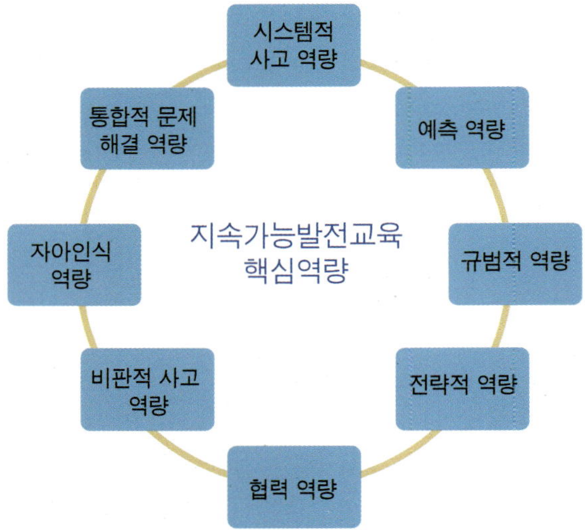

출처: 유네스코한국위원회, 2019, p. 10

- 시스템적 사고 역량 (Systems thinking competency): 관계를 인지하고 이해하는 능력, 복잡한 시스템을 분석하는 능력, 시스템들이 어떻게 다양한 영역 및 척도 안에 내재되어 있는지 생각하는 능력, 불확실성에 대처하는 능력
- 예측 역량 (Anticipatory competency): 가능한 미래, 개연성이 있는 미래, 바람직한 미래 등 다양한 미래를 이해하고 평가하는 능력, 미래에 대한 자신의 비전을 창조하는 능력, 예방 원칙을 적용하는 능력, 행동의 결과를 평가하는 능력, 위험과 변화에 대처하는 능력
- 규범적 역량 (Normative competency): 자신의 행동에 기초가 되는 규범과 가치를 이해하고 성찰하는 능력, 이해 충돌과 절충, 불확실한 지식 및 모순의 맥락에서 지속가능성의 가치, 원칙, 목표 및 세부목표를 조율하는 능력
- 전략적 역량 (Strategic competency): 지역 수준 및 더 넓은 수준에서 지속가능성을 증진시키는 혁신적인 행동을 집단적으로 개발하고 이행하는 능력
- 협력 역량 (Collaboration competency): 타인으로부터 배우는 능력, 타인의 필요, 관점 및 행동을 이해하고 존중하는 능력(공감), 타인을 이해하고 관계를 맺으며

민감하게 반응하는 능력(공감적 리더십), 집단 내 갈등에 대처하는 능력, 협력적이고 참여적인 문제 해결을 용이하게 하는 능력

- 비판적 사고 역량 (Critical thinking competency): 규범, 관행 및 의견에 의문을 제기하는 능력, 자기 자신의 가치, 인식 및 행동을 성찰하는 능력, 지속가능성 담론에서 자신의 입장을 취하는 능력
- 자아 인식 역량 (Self-awareness competency): 지역사회 및 글로벌 사회에서 자신의 역할을 성찰하는 능력, 자신의 행동을 지속적으로 평가하고 동기 부여를 하는 능력, 자신의 감정과 욕구에 대처하는 능력
- 통합적 문제 해결 역량 (Integrated problem-solving competency): 복잡한 지속가능성 문제에 다양한 문제 해결의 틀을 적용하고, 위에서 언급한 역량들을 통합해 지속가능발전을 촉진하는 실행 가능하고, 포용적이며, 공평한 해결책을 개발할 수 있는 가장 중요한 능력

◆ 유아교육과 지속가능발전교육의 의미

- 유아기는 주변 환경과 사회에 대한 관심이 확대되고 인격과 태도가 형성되며 기초적인 가치관이 형성되는 시기이므로 지속가능발전교육은 유아기부터 시작해야 한다(권영임, 2010; Siraj-Blatchford, Smith & Samuelsson, 2012).
- 유아들은 지속가능발전의 중요성에 대한 인식과 지속가능발전 행동을 실행할 수 있는 역량을 키움으로써, 지속가능한 방향으로 환경과 사회를 변화시키는데 기여하는 민주 시민으로 자라나야 하므로 유아기는 지속가능발전교육의 매우 중요한 시기이다(UNESCO, 2012).
- 지속가능발전교육은 유아들의 창의성과 문제 해결 능력을 키워주며 지속가능한 행동을 실천하는 주체로 자라는데 기초가 되는 교육이다. 이를 통해 유아는 추후 가정과 사회에 긍정적 영향을 미치게 되며 미래의 지속가능한 사회를 구현하는 데 중추적 역할을 할 수 있다(Davis, 2014).

해외 유아기 지속가능발전교육 운영실태

스웨덴

유치원 교육과정인 Lpfö 18에 명백하게 제시함

- "교육은 영유아에게 그들을 둘러싼 환경과 자연, 사회에 대한 생태학적, 돌봄적 접근을 배울 수 있는 기회를 제공해야 한다"(Skolverket, 2018: p. 10).
- 교육과정에서 지속가능발전의 사회적, 환경적, 경제적 측면을 통합적으로 다루고 있음
- 유아교육 기관에서 지속가능발전교육에 대한 인증제 실시 – '녹색 깃발 유치원(Green Flag Preschool)'

호주

- 국가기준 및 교육과정에 명시 – 국가수준기준(National Quality Standard, NQS)과 호주 영유아기 학습체제(Belonging, Being and Becoming: The Early Years Learning Framework for Austrailia)
- Green Steps 프로그램 – 재활용과 퇴비사용 프로그램 연간 운영, 유아, 교사, 교직원과 가정 및 지역사회 구성원 모두 참여(Little Green Step WA, 2020).

캐나다

- 대다수 유아교육기관의 자연기반 프로그램 운영
- 마니토바지역 프로그램 – 기관 전체에서 2009년부터 지속가능발전 통합적 교수 · 학습 과정운영, 쓰레기, 물과 에너지, 건강한 학교, 땅, 통합과 참여, 지역사회, 세계시민교육 등을 포함한 내용(Boileau, Dabaja & Harwood, 2021)

◆ 유아기 지속가능발전교육에서 교사역할의 중요성

- 지속가능발전교육에서 교사는 유아에게 지속가능성에 대한 개념과 가치를 깨달을 수 있도록 돕고, 지속가능한 행동과 생활 방식을 실천할 수 있도록 격려하는 핵심적 존재로 중요한 역할을 수행한다(박은혜, 한산섬, 2022).
- 지속가능발전은 삶의 방식에 관한 내용이므로 유아들의 가치관과 태도형성뿐 아니라 교사 자신의 가치관과 태도, 행동을 성찰해야 한다. 교사 자신의 소비 습관, 환경보호에 대한 인식, 사회경제 문제에 대한 지식 등을 돌아보며 스스로 지속가능발전에 대한 필요성에 공감하고 이를 실천할 수 있도록 변화해 나가는 과정이 중요하다.
- 지속가능발전교육을 실행하기 위해서 교사는 지속적으로 지속가능발전 역량을

개발해야한다. 지속가능발전 역량은 지속가능발전교육에 대한 지식뿐 아니라 실행할 수 있는 기술과 태도를 포함한다. 아울러 지속가능발전에 대한 가치를 진심으로 이해하고 이를 위한 동기부여 및 헌신과 같은 정서적인 역량도 필요하다(UNESCO, 2018b).

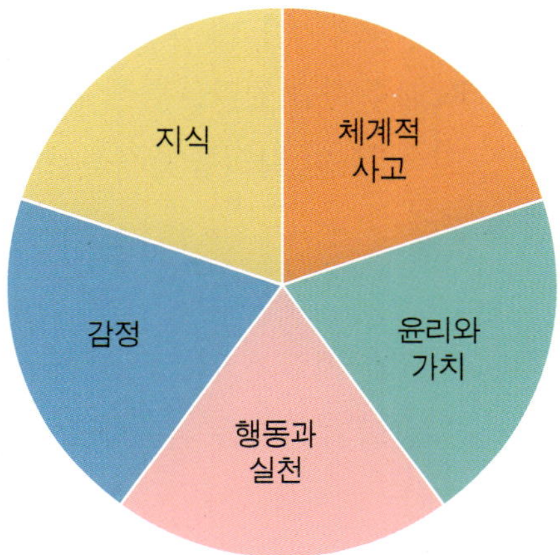

〈 지속가능발전교육을 위한 교사역량요소〉

출처: 유럽유엔경제위원회(UNECE, 2008)

- 지속가능발전교육과 관련된 교사 역량의 구성요소는 크게 5가지이며, 각 구성요소의 의미와 내용은 다음과 같다(모경환, 박새롬, 연준모, 이경윤, 임정수, 2010).
  - 지식 (Knowledge): 지속가능발전교육과 관련된 개념, 사실, 행동을 습득하는 것
  - 체계적 사고 (Systems thinking): 인류와 지구를 보다 넓은 시스템 안에서 보는 사고 체계를 지니는 것
  - 감정 (Emotion): 세계와 상호연결 되어있다는 생각으로 다양한 사회, 경제, 환경 문제에 대해 공감하는 것
  - 윤리와 가치 (Ethics and values): 지속가능성에 대한 인식과 사고, 의사결정, 행동에 영향을 주는 규범, 가치, 태도를 정하는 것

- 행동과 실천(Action): 네 가지 역량들이 융합되어 지속가능성과 관련된 일에 참여하고 지속적으로 실천하는 것

◆ 지속가능발전교육을 위한 유아기 교수학습 전략 –7Rs

7Rs은 Engdahl과 Rabussiccova (2010)에 의해 제안된 유아기 지속가능발전교육의 교수학습 원리이다. 이러한 7Rs 교수 학습 원리를 통해 유아들은 지속가능발전에 대한 이해와 실천을 강화하며, 지속가능한 사회를 형성하는데 기여하는 역량을 발전시킬 수 있다. 7Rs는 다음과 같다.

- Respect (존중하기): 자연과 환경, 사회와 인간의 존재에 대한 존중의식을 기르고 다양한 생명체와 자원, 문화의 다양성을 존중하고 보호하는 태도를 가지며, 사회적 평등과 인권을 존중하는 가치를 익힘
- Reflect (반성하기): 자신의 행동과 선택이 지속가능성에 미치는 영향을 성찰하고 자신의 행동에 대해 고찰하며 더 나은 선택과 행동을 할 수 있는 능력을 기름
- Rethink (재고하기): 유아들에게 지속가능발전에 대한 새로운 시각과 사고방식을 갖도록 함
- Reuse (재사용하기): 재사용의 중요성을 이해하고 재사용에 대한 습관을 형성하며 자원의 소비를 줄이고 환경을 보호하는 방법을 배우고 실천함
- Reduce (절감하기): 소비와 낭비를 줄이는 방법에 대해 배우고 실천하며 에너지, 자원, 재활용 등을 효율적으로 활용하도록 노력함
- Recycle (재활용하기): 재활용의 중요성을 깨닫고 실천하고 재활용의 과정과 방법을 배우며, 자원의 재생과 환경 보호에 기여함
- Redistribute (재확산하기): 지속가능한 체제를 만들기 위해 지속가능한 행동과 문화를 재확산하며 공유함

3. 지속가능발전교육의 실행 – 놀이를 통한 지속가능발전교육

◆ 기존 지속가능발전교육의 한계

- 지속가능발전교육의 필요성에 대한 많은 공감에도 불구하고 우리나라의 유아기 지속가능발전교육은 대부분 환경문제에 관한 교육에 초점이 맞추어져 있고, 교육방식 또한 교사주도의 계획과 활동중심 프로그램의 실행과 효과검증에 대한 내용이 대부분이다.
- 2019 개정 누리과정이 강조하는 놀이와 연계된 지속가능발전교육에 대한 사례나 구체적 실천방법에 대한 내용이 부족하다. 유아의 놀이는 삶의 일부이며, 지속가능발전교육은 삶의 방식과 관련되므로 놀이를 통해 자연스럽게 지속가능발전의 원칙과 가치를 체험하고 실천할 수 있는 방법들이 구체적으로 제시되어야 한다.

◆ 2019 개정 누리과정과 지속가능발전교육과의 연계성

- 2019 개정 누리과정은 '교사와 유아가 주체가 되어 함께 만들어가는 교육과정'으로(임부연, 김은영, 2018), '자연과 생명을 존중하며 다른 사람과 함께 살아가는데 필요한 바른 인성을 갖추고, 창조적 사고로 지속 가능한 사회를 만들어 갈 수 있는 역량을 갖춘 사람'을 교육방향으로 추구하고 있으며(교육부, 보건복지부, 2019) 이는 지속가능발전교육의 핵심가치와 밀접한 연관이 있다.
- 2019 개정 누리과정은 유아의 성장과 발달을 지향하면서도 지속가능발전교육의 원리를 반영하고 있다. 2019 개정 누리과정은 유아의 놀이를 중심으로 한 교육을 강조하며, 놀이를 통해 유아가 자유롭게 탐구하고 배우며, 전인적 발달을 이룰 수 있도록 지원한다. 이러한 교육과정 내에 지속가능발전교육의 원칙과 내용을 적용하며 교사의 지원을 통해 유아가 지속가능한 가치와 실천 방법을 경험하고 습득할 수 있도록 도와야 한다.

◆ 놀이를 통한 지속가능교육의 실천 적용

- 유아교육에서의 놀이를 통한 지속가능발전교육은 유아들이 지속가능성에 대한 이해와 지속가능한 삶을 위한 태도와 행동을 발달시킬 수 있는 중요한 전략이다(Davis, 2015).
- 놀이는 유아들의 주요 학습기제이며, 유아들 스스로 주변 환경과 상호작용하고 탐구하며 자발적으로 참여한다(Bansilal, 2016). 놀이를 통해 유아들은 환경과 사회 문제에 대해 직접 체험하고 이해할 수 있으며, 지속가능성에 대한 개념과 가치를 형성할 수 있다.
- 놀이에서 나타나는 지속가능발전과 연계된 다양한 경제, 사회문화, 환경의 내용을 교사가 적절히 파악하고 유아의 흥미와 요구에 따라 지원함으로써 유아들이 놀이 속에서 지속가능발전의 의미를 깨달아 갈 수 있다.
- 지속가능발전교육의 원칙과 가치를 놀이에 통합하여 유아들이 지속가능성에 대한 이해를 가지고 행동할 수 있도록 돕는 것은 중요하다. 유아들은 놀이에서 자발적인 경험과 상호작용을 통해 세상을 탐구하고 배우며 지속가능성에 대한 개념과 가치를 습득한다. 이로써 유아들은 미래를 위한 책임감과 지속가능한 선택과 행동을 취할 수 있는 역량을 개발할 수 있다.

Ⅱ. 지속가능발전 학습공동체 운영을 통한 배움과 성장

- 지속가능발전교육에 대한 교사들의 역량은 지식습득뿐 아니라 가치, 태도, 습관, 삶의 방식과 관련되어 있으므로 일방향적 대규모의 단기간 전달교육보다는 지속적인 참여와 소통을 통한 습득이 더 용이할 수 있다. 따라서 교사들이 동료교사들과 함께 학습하고 공유하며 문제를 성찰하고 해결해 나가는 학습공동체는 지속가능발전교육을 배우고 실행하는데 더 효과적이다.
- 교사학습공동체는 교사들이 함께 학습하고 협력하여 전문적인 성장을 이루는 학습 커뮤니티를 의미하며, 교사들이 서로의 경험과 지식을 공유하고 최신 연구와 교육 동향을 탐구하며 교육 방법과 전략을 개선하기 위해 지속적으로 협력하는 공동체이다(Vescio, Ross, & Adams, 2008). 교사학습공동체를 통해 함께 반성적 사고를 하고, 교육실제에 대한 비판적 사고를 할 수 있는 기회를 가지며 공동의 학습 목표를 갖고 공동체를 이루어 성장해 나갈 수 있다.
- 유아교사는 유아의 놀이, 일상생활, 활동을 통해 배움을 지원하는 교육과정의 주체로서 유아의 자발적이고 주도적인 놀이를 이해하고 지원하기 위한 전문성을 함양해야 한다(교육부, 2020). 교사학습공동체의 참여는 2019 개정 누리과정의 핵심인 놀이의 관점에서 아이디어를 발전시키며, 놀이 실행에 대하여 의견을 나누고 함께 고민을 해결해 나갈 수 있도록 돕는다.

- 본 장에서는 서울여자대학교 부속유치원 교사 4명과 교수 1명, 박사급 연구원 2명이 함께한 지속가능발전 학습공동체의 운영과정 전반에 대한 내용(시작, 운영, 지속가능발전교육의 놀이 적용 시 고민과 협의의 과정)과 교사들의 변화에 대하여 소개하고자 한다. 연구진과 교사들은 지속가능발전교육에 대한 지식습득 및 올바른 이해를 바탕으로 유아의 놀이를 지속가능발전교육의 관점에서 지원하며 확장시키는 것에 목표를 두고 학습공동체를 구성하였다.
- 본 운영사례는 지속가능발전교육에 관심은 있으나 어떻게 실천해야 할지 고민하는 현장의 원장과 교사들에게 각 기관의 실정에 맞춘 학습공동체의 계획과 실행방법에 대한 아이디어를 제시하고, 유아들의 일상인 놀이 속에서 적용할 수 있는 지속가능발전교육의 방안을 찾는 데 도움이 될 수 있다.

지속가능발전 학습공동체의 운영 개요 및 절차

학습공동체의 시작

〈 학습공동체 구성하기 〉
· 수평적이고 협력적인 조직 문화와 자발적 참여를 전제로 한 구성원 모집
· 지속가능발전교육에 대한 전문적 지식 형성과 이해를 도울 연구진과의 협업

↓

〈 학습공동체 방향 설정하기 〉
· 공동체 참여교사의 지속가능발전교육에 대한 사전지식과 이해 공유
· 참여교사의 학습공동체에 대한 요구도 파악

↓

〈 학습공동체 계획하기 〉
· 공동체 참여교사의 의견 수렴을 통한 공동체 계획
· 일정과 내용, 방법, 교재 선정, 소통 창구 마련

↓

학습공동체의 운영

〈 지속가능발전교육 탐구하기 〉
· 교재, 도서, 관련 사이트와 동영상을 살펴보며 지속가능발전교육에 대해 심층적 이해

↓

〈 지속가능한 삶의 가치 · 태도 성찰하기 〉
· 교사 자신의 삶과 가치, 태도 되돌아보며 성찰하기

↓

〈 지속가능발전교육 교사 역량 키우기 〉
· 지속가능발전교육 내용과 지속가능발전목표 연결
· 유아기 지속가능발전교육 사례들을 조사하고 공유
· 유아들과 다룰 수 있는 지속가능발전교육의 내용 선정

↓

〈 유아기 지속가능발전교육과 놀이 연결시키기 〉
· 지난 놀이 지속가능발전교육의 관점에서 재발견
· 현재의 놀이 지속가능발전교육의 관점에서 지원

1. 지속가능발전교육 실행을 위한 학습공동체의 시작

1) 학습공동체 구성하기

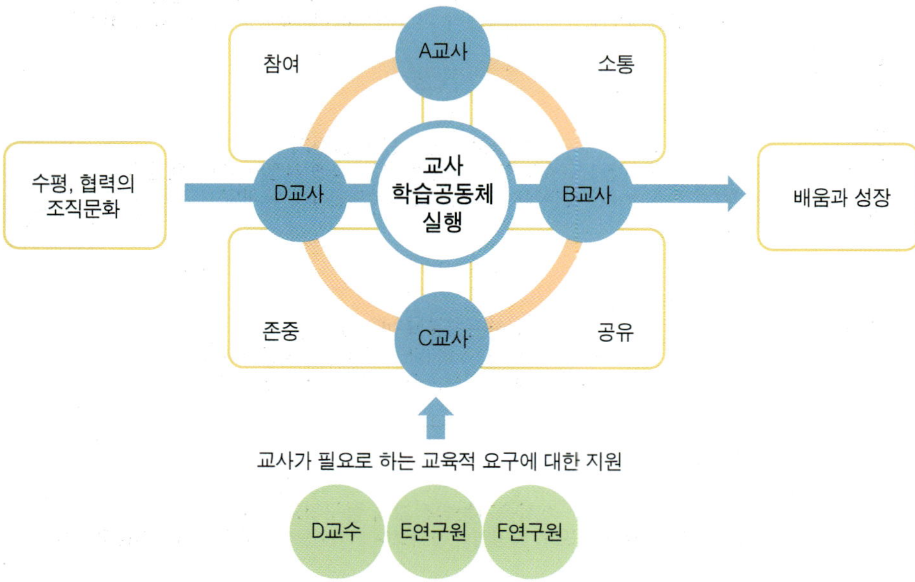

〈학습공동체 운영방법〉

○ 학습공동체의 목표

- 지속가능발전과 지속가능발전교육의 기초 지식과 실행에 관하여 배움
- 학습공동체 구성원 간 존중, 소통과 협력을 바탕으로 놀이실행과 지원에 관한 정보를 공유하고 제언함
- 교육 실행력을 제고하여 교사의 지속가능발전교육 역량을 증진시키고 전문성을 신장시키고자 함

○ 학습공동체의 구성의 특징

- 수평적이고 협력적인 조직문화
- 지속가능발전교육에 관심을 가진 교사들의 자발적 참여

- 연구진: 교사가 필요로 하는 교육적 요구의 조력 및 멘토
- 교사: 서로의 경험을 나누며 지속가능발전교육에 대해 연구 · 성찰 · 실천

2) 학습공동체 방향설정하기

① 지속가능발전교육에 대한 사전지식과 이해 공유

○ 지속가능발전교육에 대한 인터뷰와 브레인스토밍을 진행

- 지속가능발전교육에 대해 관심도는 높음
- 학부 혹은 교사교육을 통한 전문적 학습을 경험해 보지 못해 이해도가 낮음
- 대부분 환경과 관련된 교육으로 인식하고 있음

Q 지속가능발전교육이란 무엇이라고 생각하나요?

A 지속가능발전교육이 무엇인지 배워 본 적이 없어서 잘 모르겠어요.

사회적으로 이슈가 되는 주제이기 때문에 관심은 있지만 무엇인지 말해보라고 하니 어떻게 말을 해야 할지 모르겠어요.

다양한 분야에서 지속가능발전이라는 용어가 많이 사용되어 생소하지는 않지만 학부에서도 교사 연수에서도 직접적인 교육을 받은 적이 없어서 잘 모르겠어요.

초, 중, 고에서는 많이 시행되고 있는 것 같은데 유아들에게도 적용할 수 있는 교육인가요? 저는 유아시기에 실행하기에는 어렵다라는 느낌이 들어요.

A 지속가능발전교육은 환경교육이 아닌가요?

탄소중립 실천하기, 제로웨이스트 실천하기, 기후변화를 줄이기 위한 노력 같은 것이 지속가능발전교육 아닌가요?

자연을 보호하고 소중히 생각하며 지구를 지켜나는 것이 지속가능발전교육이라 생각해요. 이런 교육들은 이미 환경교육에서 시행하고 있는 것 같은데요.

② 학습공동체 모임의 요구도 파악하기

Q 지속가능발전 학습공동체를 통해 바라는 점은 무엇입니까?

A 유아와 관련된 지속가능발전교육의 다양한 사례를 보고 싶어요.

지속가능한 세상에 대한 다양한 광고들, 지구의 날 불끄기 행사 등을 통해 지속가능발전에 대해 듣게 되었어요.
이러한 것들 중에 유아들과 함께 할 수 있는 것들이 무엇이 있는지 자료나 사례를 찾아보고 싶은데 찾기가 힘들어요. 유아기에는 이러한 것들을 하기 힘들어서 일까요?
유아들과도 할 수 있는 지속가능발전교육이 무엇이 있는지 다양한 사례를 살펴 볼 수 있다면 저도 지속가능발전교육을 시도해 볼 수 있을 것 같아요.

A 놀이중심 교육과정에서 지속가능발전을 어떻게 적용할 수 있는지 알고싶어요.

유아들에게 지속가능발전에 대해 알려줄 수 있을까요?
어떤 내용을 알려주어야 할까요?
지속가능발전에 대해 유아들이 관심을 가질지, 놀이 속에서 나타날 수 있는 것인지 의문이 들어요.

놀이중심은 유아들 놀이에서 시작되어야 하는데 지속가능발전교육이 가능할까요?
사실 유아들의 놀이를 관찰하고 그 안에서 지원이 들어가야 하는데, 지속가능발전교육은 교사주도적 활동이 되지 않을까 걱정이 되기도 하네요.

○ 학습공동체 참여 교사들의 요구

- 지속가능발전교육의 의미, 내용, 교수학습방법 등에 대한 전문적 지식
- 지속가능발전교육과 유아교육에서 적용 필요성, 다양한 사례
- 지속가능발전 교육의 놀이 적용 가능성과 사례

③ 논의를 통한 교사학습공동체 방향 결정

○ 지속가능발전교육 실행을 위해 유아 교사가 준비해야 할 사항에 대해 논의하고 다음의 4가지 사항을 준비하는 학습공동체를 운영하기로 방향을 설정함

- 지속가능발전교육에 대한 올바른 인식과 이해가 필요
- 교사 이전에 한 개인으로서의 지속가능한 사회에 대한 관심과 생활방식을 점검하는 것이 필요
- 지속가능발전교육 실행을 위한 교사로서의 역량 증진이 필요
- 유아기 지속가능발전교육의 실천 사례들을 살펴보며 놀이와 연결시키는 것이 필요

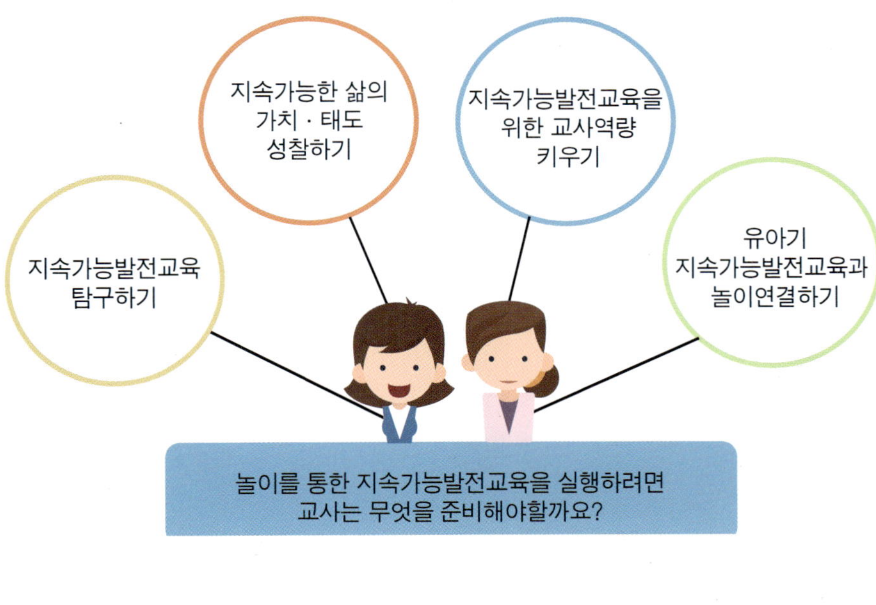

3) 학습공동체 계획하기

① 학습공동체 일정과 내용

○ 일정 및 내용, 학습방법에 대한 대략적인 계획을 세우고, 교사들의 고민이나 놀이 진행 상황에 따라 유동적으로 수정함

회기 (주1회)	내용	방법
사전모임	오리엔테이션 및 일정, 내용 계획	대면모임
1회	지속가능발전교육의 기초	온라인 강의
2회	지속가능발전교육 이해를 위한 관련 도서 · 참고 사이트 살펴보기	대면모임, 자료 공유
3회	지속가능발전교육관점으로 나 자신 돌아보기 국내 · 외 실천사례(환경영역)	ZOOM, 토론, 자료공유
4회	유아기 지속가능발전교육 이해하기 국내 · 외 실천사례(사회문화영역)	ZOOM, 토론, 자료공유
5회	놀이와 지속가능발전교육 이해하기 국내 · 외 실천사례(경제영역)	ZOOM, 토론, 자료공유
6회	지난 놀이 지속가능발전교육관점에서 되돌아보기	대면모임, 토론
7회	현재 우리 반의 놀이를 지속가능발전교육 관점에서 바라보기	대면모임, 협의회
8회~10회	놀이에서 교육으로 연결하기 (지속가능발전교육놀이 실행과 교사의 고민, 놀이 지원에 관한 협의)	대면모임, 협의회
평가회	학습공동체 평가회	대면모임

② 교재 선정

사진출처: www.aikoreanall.kr

○ 유아기 지속가능발전교육의 이론과 실제에 대해 논의해 볼 수 있는 책을 공동체 모임의 교재로 선정하여 학습하기로 함

○ 교재: 박은혜, 장인영, 박세령, 김지은, 김교령, 손혜진 (2022). 영유아교사를 위한 지속가능발전교육. 아이코리아.

③ 소통과 협력의 창구 마련하기

○ 시간과 장소의 구애를 받지 않고 자유롭게 의견을 나눌 수 있는 온라인상의 소통의 창구로 워크스페이스를 활용함

- 공동체 운영 시 학습에 필요한 자료 공유
- 지속가능발전교육 실행이나 놀이에 대한 고민을 기록 · 공유
- 고민과 지원에 대한 즉각적인 의견 교환
- 대면모임 시간 외에도 수시로 발생하는 고민이나 의문들을 공유
- 상호 피드백을 교환하며 서로의 지식과 교육경험을 나눔

〈워크스페이스 운영의 예〉

2. 지속가능발전 학습공동체의 운영

1) 지속가능발전교육 탐구하기

○ 지속가능발전교육 기초지식 학습

- 참여교수의 온라인 강의 및 대면설명: 교재를 바탕으로 한 지속가능발전교육의 의미, 중요성 및 필요성, 내용과 방법에 대해 이해
- 지속가능발전 관련 도서, 사이트, 동영상 조사 및 공유를 통해 유아기 지속가능발전교육의 실태 조사 및 현황 파악

이렇게 공부했어요 지속가능발전교육 이해를 위해 살펴 본 도서와 영상

책정보	공동체 구성원들의 소개
Siraj-Blatchford, J., Smith, K. C., & Samuelsson, I. P. (2012). **유아를 위한 지속가능발전교육**. (신은수, 박은혜 공역). 이화여자대학교출판부.	지속가능발전교육이란 무엇인지, 유아기에 왜 이러한 교육이 필요한지, 실제 교육 현장에서의 적용사례를 설명해 주고 있다. 유아기 지속가능발전교육에 초점을 맞추어 설명하기 때문에 유아교사가 이해하고 활용하기에 좋은 책이다. 이론뿐 아니라 실제도 함께 살펴볼 수 있다.
재미교육연구소(2022). **지구를 살리는 프로젝트 수업**. 상상채널.	유아에 초점을 맞춘 수업이 아니지만 사회적으로 이슈가 되는 이야기거리를 통해 관심을 유발하고 프로젝트 수업을 하면서 사용할 수 있는 다양한 워크시트와 관련영상, 활동사례 등이 있어 수업진행에 대한 아이디어를 얻을 수 있다.
Shellenberger, M.. (2021). **지구를 위한다는 착각**. (노정태 역). 부키.	우리가 알고 있는 환경 문제(플라스틱이 지구를 헤치고 있다. 얼음이 녹아 북극곰이 굶어 죽어가고 있다)에 대한 허구와 사실을 또렷이 구분하고 진정한 해결책이 무엇일지 생각해 보도록 하며 환경문제에 대한 새로운 생각을 제시해준다.
Krautwaschl, S.. (2016). **우리는 플라스틱 없이 살기로 했다**. (류동수 역). 양철북.	플라스틱 없이 한 달 살아 보기에 도전한 산드라 가족의 이야기로 가볍게 읽을 수 있다. 우리 주변에 플라스틱 제품이 예상보다 많다는 것을 알 수 있었으며 플라스틱을 줄이기 위한 노력은 작은 것에서부터 실천할 수 있다는 생각을 들게 한다.
강혜미, 박민수, 백수진, 양철진, 이예지, (2022). **교실에서 세계 시민 되기**. 창비교육.	초등에서 활용할 수 있는 지구 생태계 보전을 위해 달성하기로 약속한 '지속가능발전목표(SDGs)'에 초점을 맞춘 세계 시민교육 워크북이지만 그 내용은 유아들에게도 적용해 볼 수 있다.
최원형. (2020). **착한 소비는 없다**. 자연과 생태.	지금 우리 생존을 위협하는 환경, 사회 문제를 해결하려면 가장 먼저 우리의 대량 소비 방식을 바꿔야 한다는 것으로 덜 쓰고, 여러 번 다시 쓰고, 꼼꼼하게 살펴 쓰는 방식의 똑똑한 소비를 통해 지속가능한 지구를 만들 수 있음을 알려준다.

책정보	공동체 구성원들의 소개
일반사단법인 Think the Earth. (2019). **지구의 내일을 부탁해**. 청어람미디어.	어린이를 위해 나온 책이지만 17개 SDGs에 대한 내용과 관련 아이디어를 수록함으로써 SDGs의 내용을 파악하는데 도움이 된다.

관련 동영상	내용	QR
	유네스코한국위원회 유튜브 채널 「유네스코 지속가능발전교육 소개 영상」 지속가능발전, 지속가능발전목표, 지속가능발전교육의 개념에 대한 이해를 돕기 위해 제작된 영상이다. 출처: http://youtube/B7P30jQ18y	

관련 사이트	내용	QR
	「국가지속가능발전교육 포털」 지속가능발전, 국가지속가능발전 목표(K-SDGs), 연구 및 최신동향, 국가지속가능성 보고서 등에 대해 살펴볼 수 있다. 출처: https://ncsd.go.kr/	

교사를 위한 TIP 정리해 보아요.

★ 지속가능발전교육(Education for Sustainable Development)은 지구가 당면한 지속가능하지 않은 다양한 문제가 발생하게 된 맥락과 해결방안을 총제적으로 바라보고 이해하며, 해결하는 역량을 기르기 위한 교육이다.

* 출처: 박은혜, 장인영, 박세령, 김지은, 김교령, 손혜진 (2022). 영유아교사를 위한 지속가능발전교육. 아이코리아.

2) 지속가능한 삶의 가치 · 태도 성찰하기

① 교사 자신의 삶과 태도 되돌아보기

지속가능발전교육은 삶과 세상을 보는 관점의 변화를 통해 이루어지므로 이를 실행하기 위해 교사가 먼저 자신의 삶의 가치와 태도를 되돌아보는 시간을 가짐

② **교사 자신의 삶에서 변화 모색하기**

○ 지속가능한 삶을 위해 개인적으로 실천하고 있는 사항과 노력해야 할 사항에 대해 이야기 나누며 지속가능한 삶의 태도와 가치에 대해 생각해 볼 수 있었음

3) 지속가능발전교육 교사역량 키우기

○ 효과적인 지속가능발전교육의 실행을 위해서는 교사의 역량 증진(지식, 체계적 사고, 감정, 윤리와 가치, 행동과 실천)이 중요하다는 것을 인식

○ 교사는 지속가능발전교육에 대한 전문적 지식을 가지고 통합적으로 사고해야 함. 또한 다양한 사례와 문제 상황에 대해 함께 공감하고 느끼며, 가치적 판단을 통해 유아들과 함께 실천하고 행동할 방향을 설정해야 함

지식, 체계적 사고
- 지속가능발전교육의 세 영역(경제, 사회 문화, 환경) 통합하기
- 영역별 지속가능발전 교육 내용과 SDGs 연결시켜보기

지식, 공감
- 유아기 지속가능발전 교육 사례들을 조사하고 공감하기

윤리와 가치, 행동과 실천
- 유아들과 다룰 수 있는 가치있는 지속가능발전교육 내용 알아보고 실천하기

〈 교사 지속가능발전교육역량 증진을 위한 과정 〉

이렇게 공부했어요 지속가능발전교육 사례를 알아보기 위해 살펴 본 사이트

관련 사이트	내용	QR
	「유네스코 한국 위원회 지속가능발전교육 공식 프로젝트 인증제」 안내 사이트 출처: https://esd.unesco.or.kr/	
	「세계유아교육기구 한국위원회〉 자료실〉 세계유아교육기구 자료〉 ESD 수상작」 안내 사이트 출처: http://www.omepkorea.org	

① 경제영역

○ 인간의 경제활동은 지구의 환경과 자원을 통해 이루어진 소비, 생산, 분배로 구성되며 경제 개발, 성장과 자연, 자원의 관계를 염두에 두어야 함(박은혜 외, 2022)

○ 경제활동으로 인해 야기되는 문제 상황은 현 세대뿐 아니라 다음 세대의 소비에도 영향을 주므로 질적인 개선이 이루어질 수 있도록 해야함. 자연 생태계에 부정적인 영향을 주지 않는 소비자의 지속가능한 삶이 중요함(채윤식, 2007)

○ 지속가능발전교육의 경제영역에서는 경제 성장의 한계와 잠재적 가능성을 다루고, 건전한 생산과 소비, 빈곤퇴치, 기업의 책임과 척무 등의 내용으로 구성됨(최은영 외, 2020)

○ 공동체 교사들은 지속가능발전교육의 경제영역에서 유아들과 실행할 때 참고할 만한 자료들을 모아 정리하였고, 유아들과 함께 생활하면서 혹은 지속가능발전 교육을 적용할 만한 놀이에 대한 고민을 나누고 서로의 의견을 모아 해결책들을 찾아가는 과정을 경험함

이렇게 공부했어요 **지속가능발전교육 경제영역과 관련된 참고자료와 사이트**

책 정보	공동체 구성원들의 소개
한진수. (2019). **초등학생을 위한 한국은행의 알기 쉬운 경제이야기**. 한국은행. 출처: www.bok.or.kr	초등을 위한 경제교육에 대한 이야기라 조금 어려운 부분이 있지만 유아들이 질문을 하거나 관심을 보일 때 생산자, 근로자, 예금자, 투자자, 소비자, 거래인, 시장인 등에 담긴 개념을 살펴볼 수 있다.
박찬옥, 지성애, 조형숙, 곽현주, 조유현. (2011). **유치원 기본과정 내실화를 위한 경제 · 소비자교육 프로그램**. 교육과학기술부. 출처: www.moe.go.kr	공유, 시장, 자원의 세 가지 차원으로 구분하여 경험해 볼 수 있도록 자료가 구성되어 있다. 다양한 문제해결을 위한 경제현상을 이해하고, 합리적 소비를 위한 의사결정능력을 형성하는 것을 목표로 유아들과 할 수 있는 다양한 활동이 소개되어 있다.

관련 사이트	내용	QR
	「한국은행〉 경제교육〉 어린이」 온라인으로 학습할 수 있는 경제와 관련된 다양한 영상자료를 살펴볼 수 있다. 출처: https://www.bok.or.kr/portal/bbs/B0000216/grpList.do?type=CHILD&menuNo=200646	

관련 사이트	내용	QR
	「기획재정부 어린이 경제교실」 어린이들이 궁금해 할 만한 경제관련 이야기들과 세계 속 경제학자의 이야기 등 다양한 정보가 담겨있다. 출처: https://kids.moef.go.kr/main.do	
	「금융감독원 e-금융교육센터〈콘텐츠 한눈에〉 e-Learning」 초등학생 수준의 다양한 금융교육 프로그램이 소개되어 있다. 출처: https://www.fss.or.kr/edu/fec/elearning/elrn.do?menuNo=300133	
	「신한이지」 전 세대를 대상으로 올바른 금융교육을 제공한다. 출처: https://shinhan-easy.hunet.co.kr	
	「KB스타 경제교실」 초등 저학년부터 일반인까지 연령에 맞춘 경제교육을 진행할 수 있다. 출처: https://www.kbstarschool.or.kr	
	「어린이 국세청」 어린이들이 세금에 대해 자연스럽게 이해하고 재미있게 배울 수 있는 공간이다. 출처: https://www.nts.go.kr/kid/main.do	

교사를 위한 TIP 정리해 보아요.

◎ 지속가능발전교육 경제영역의 내용

기업의 지속가능성
- 건전한 직업윤리, 기업의 사회적 책임과 의무
- 친환경, 지속가능성을 기반으로 한 공정한 생산

시장 경제
- 시장경제(생산과 소비관계) 이해
- 지속가능한 상거래와 판매 (가격, 교환, 선택, 시장, 욕구, 절약, 필요, 화폐)
- 지속가능한 소비습관 이해와 실천

지속가능한 생산과 소비
- 친환경적 생산과 기업의 사회적 책임, 공정무역
- 친환경 소비와 낭비하지 않는 소비습관 형성
- 자원순환의 재사용 및 재활용

빈부격차 완화
- 빈부격차 완화방안
- 사회적 형평성과 각자의 책임의식(분배, 세계기아, 기부에 대한 이해)

출처: 최은영 외(2020). 영유아기 지속가능발전교육 실천방안 연구. p.19를 재구성

◎ 경제영역에 속하는 SDGs의 내용

② 사회문화 영역

○ 사회문화 영역은 우리 자신, 이웃, 사회, 삶고 생태계 등의 연관성을 통해 여러 가지 사회 주제를 이해하고 사회의 지속가능한 발전을 위해 의사를 표현하고, 합의를 도출하며 갈등을 해결하기 위한 민주적 참여가 가능한 역량을 키우는 영역으로(신은수, 박은혜, 2012), 삶의 방식, 인권, 평화, 양성평등, 세계화, 건강, 안전 등을 다루고 있음

○ 공동체 교사들은 지속가능발전교육의 사회문화영역에서 유아들과 실행할 때 참고할 만한 자료들을 모아 정리하였고, 유아들과 함께 생활하면서 혹은 지속가능발전교육을 적용할 만한 놀이에 대한 고민을 나누고 서로의 의견을 모아 해결책들을 찾아가는 과정을 경험할 수 있었음

이렇게 공부했어요 지속가능발전교육 이해를 위해 살펴 본 도서와 영상

책정보	공동체 구성원들의 소개
박순용, 이경한, 조대훈, 함영기. (2015). **유네스코가 권장하는 세계시민교육 교수학습 길라잡이**. 유네스코 아시아태평양 국제이해교육원. 출처: www.gcedclearninghouse.org	세계시민교육이란 무엇인지, 핵심개념, 학습주제별 내용 등에 대한 기본적이고 전반적인 내용을 정리할 수 있도록 한다. 유, 초, 중, 고의 내용을 체계적으로 살펴볼 수 있다.
한국국제협력단. (2021). **담장 너머 지구촌 보기**. 한국국제협력단. 출처: www.use.go.kr	초, 중, 고를 위한 교안으로 구성된 책이지만 세계시민으로서의 공동체 의식을 바탕으로 지속가능한 세계를 만들기 위해 세계시민으로서의 의식 및 태도를 길러주기 위한 내용을 체계적으로 제시한다.

책정보	공동체 구성원들의 소개
유준호, 김해라, 이현경, 정서안. (2021). **다문화감수성 제고를 위한 세계시민교육 교수 · 학습 자료.** 국가평생교육진흥원. 출처: www.gcedclearninghouse.org	다양한 활동에 다한 수업계획안과 심화주제 및 활동, 프로젝트 활동 등을 소개하고 있다. 이러한 다양한 활동들을 놀이와 연계하여 사용할 수 있도록 제시하고 있다.
윤민아, 김호현, 이재호, 한유진, 허윤선. (2022). **놀이하며 자라는 유아시민역량.** 교육부. 출처: www.i-nuri.go.kr	현재의 시민이자 미래의 시민인 유아가 놀이, 일상생활, 활동 속에서 삶의 주인임을 인식하고, 자신이 속한 공동체를 포함한 전 환경에서 일어나는 문제를 함께 해결하여 자신과 공동체의 삶을 행복하게 주도하는데 필요한 역량을 함양 할 수 있는 사례를 저시하고 있다.

관련 사이트	내용	QR
	「유네스코 아시아 태평양 국제이해교육원의 세계시민교육 온라인 학습 플랫폼」 GCED는 교육자를 위한 세계시민교육 온라인 강좌, 전문가 특강 시리즈, 세계시민교육 실천사례 및 교수학습자료를 제공한다. 출처: https://www.gcedonlinecampus.org/	
	「국제개발협력민간협의회〉 지식센터〉 세계시민교육 자료」 다양한 세계시민교육 자료들이 탑재되어 있다. 출처: http://www.ngokcoc.or.kr/bbs/board.php?bo_table=paper02	
	「올리볼리 문화다양성 교육」 문화다양성에 대해 공부하고 토론하는 문화다양성 교사연구회 교사들이 동화책을 통한 문화다양성 교육 사례를 소개하고 있다. 출처: http://edu.ollybolly.org/clly-edu/	

교사를 위한 TIP 정리해 보아요.

◎ 지속가능발전교육 사회문화영역의 내용

인권
- 자기, 타인, 다름의 존중
- 자유와 권리 사이의 책임
- 관용과 배려
- 참여의 확대

평화
- 규칙에 대한 이해와 실행
- 갈등에 대한 긍정적 해결
- 예의를 바탕으로 한 협동
- 평화 · 통일에 대한 관심

안전
- 일상 속 안전을 위협하는 다양한 요소 인식
- 일상에서 안전하게 생활

세계화 · 국제적 책임
- 지역적 문제와 세계적 문제의 연관성 이해
- 지구환경에 대한 공동의 책임 인식 및 노력

문화다양성
- 문화의 유사성과 차이점 이해
- 타문화 이해와 존중

매체소양
- 올바른 디지털 기기의 사용과 자기조절
- 정보에 대한 비판적 수용과 미디어 리터러시

사회정의
- 생활 속 불공정 문제인식
- 공평과 불공평함의 이해
- 올바른 인성교육

양성평등
- 모든 사람의 특별한 가치에 대한 이해
- 남녀 역할과 책임의 차이에 대한 고려

시민참여
- 문제해결과정 참여 및 의사결정
- 타인의 의견에 대한 이해 및 존중

건강과 식품
- 건강한 음식, 생활에 대한 이해
- 건강하고 안전한 환경에 대한 이해

출처: 최은영 외(2020). 영유아기 지속가능발전교육 실천방안 연구. p.19를 재구성.

◎ 사회문화 영역에 속하는 SDGs의 내용

③ 환경영역

○ 지속가능발전교육의 환경영역은 천연자원, 에너지, 기후변화, 생물다양성, 환경문제 등을 다룸으로써 발전에 의한 무분별한 자원 낭비, 생태계 파괴에 대한 경각심을 상기시켜 잘못된 습관이나 행동들이 환경에 미치는 부정적인 영향을 다루는 영역임(김은영 외, 2020)

○ 공동체 교사 대부분이 환경영역에 대한 관심과 이해도가 높았으며 본인들의 학급에서의 환경관련 문제점들에 대해 이야기 나누며 이를 지속가능발전교육의 관점에서 유아들과 어떻게 진행하면 좋을지에 대한 아이디어를 나누며 교육과정 운영에 있어 협력적인 모습을 보여주었음

○ 공동체 교사들은 지속가능발전교육의 환경영역에서 유아들과 실행할 때 참고할 만한 자료들을 모아 정리하였고, 유아들과 함께 생활하면서 혹은 지속가능발전 교육을 적용할 만한 놀이에 대한 고민을 나누고 서로의 의견을 모아 해결책들을 찾아가는 과정을 경험할 수 있었음

이렇게 공부했어요 지속가능발전교육 환경영역과 관련된 참고자료와 사이트

책정보	공동체 구성원들의 소개
조형숙, 지성애, 남기원, 고선아, 최재원(2015). **서울형 유아교육과정 지원을 위한 유아자연친화교육 프로그램**. 서울특별시유아교육진흥원. 출처: www.nanet.go.kr	자연친화교육이란 무엇이며, 그 의의와 내용에 대해 소개하며 자연친화적 태도와 창의성을 증진할 수 있는 다양한 활동에 대해 알려주고 있다. 자연과 관련된 놀이를 진행할 때 교사들이 참고할 만한 내용들이 잘 정리되어 있다.
김낙흥, 조형숙, 주봉관, 박영숙, 이경진(2021). **유아 기후변화 교육 프로그램**. 교육부 출처: www.i-nuri.go.kr	최근 큰 관심사가 되고 있는 환경 문제 중에서도 기후변화에 초점을 맞춘 자료집이다. 유아들에게 어려울 수 있는 내용을 쉽게 알 수 있도록 동영상 콘텐츠와 연계놀이에 대해 소개해 주고 있다.

책정보	공동체 구성원들의 소개
오채선, 김경철, 한유진, 김은혜, 김지성, 김영연, 은연아 (2021). **지속가능한 삶을 위한 실천적 유아 생태전환교육 프로그램**. 서울특별시교육청유아교육진흥원. 출처: www.nanet.go.kr	지속가능발전교육에 기반한 환경교육의 내용에 대해 알려주고 있다. 유치원에서 할 수 있는 내용과 가정과 연계하여 진행할 수 있는 프로그램들에 대해 소개하고 있어 다양한 측면에서 지속가능발전교육에 기반한 환경교육의 실제를 다루고 있다.
조형숙, 이승하, 문가영, 유효인, 신유정, 김민정, 박성빈, 최인욱, 이난별, 오윤진 (2023). **지속가능발전 기반 유아환경교육 프로그램 교사용 지도서**. 경상남도 교육청. 출처: gnchild.gne.go.kr	지속가능발전교육에 대한 전반적인 내용 소개 및 지속가능발전 기반 환경교육 프로그램의 구성과 실제, 원내 가정연계활동에 대한 소개가 들어있어 이론을 적용한 실제 사례에 대해 자세히 알아볼 수 있다.

관련 사이트	내용	QR
	「환경부〉 알림 · 홍보〉 홍보자료〉 영상자료, 그림자료」 환경교육과 관련된 영상자료와 그림자료가 탑재되어 있다. 출처: http://me.go.kr/home/web/main.do	
	「사단법인 한국환경교육협회」 생태, 물, 기후, 미세먼지, 자원순환의 주제별 환경교육에 대한 내용에 대해 살펴볼 수 있다. 출처: http://www.keea1981.or.kr/	

교사를 위한 TIP 정리해 보아요.

◎ 지속가능발전교육 환경영역의 내용

에너지
- 생활 속 에너지 이해
- 에너지와 인간 생활과의 관계 이해
- 에너지 사용과 절약 습관

기후변화
- 기후변화의 현황과 인간 생활과의 관계 이해
- 기후 변화에 대처하는 방법의 이해와 실천

생물다양성
- 생물다양성의 의미와 가치, 감소 원인에 대한 이해
- 생물다양성 보존의 의미와 방법, 존중의 태도 함양

자연자원
- 물, 공기, 토양 등 자원 자원의 필요와 중요성 인식
- 자연자원의 순환 및 나의 삶과의 관계 이해

문화다양성
- 문화의 유사성과 차이점 이해
- 타문화 이해와 존중

교통
- 교통수단이 사람과 환경에 미치는 영향, 친환경 교통수단 이용실천
- 교통안전에 대한 이해

지속가능한 식량생산
- 내 몸에 좋은 음식과 건강한 음식 이해
- 친환경적인 농업방식에 대한 관심

재해예방 및 감소
- 자연재해의 원인과 대비방법, 어려움 이해
- 재해예방 및 위험감소를 위한 방법 모색

지속가능한 지역사회
- 도시와 지방 간 지역격차, 인구문제 이해와 해소방안
- 한정된 공간과 자원 안에서 함께 살아갈 역량함양

출처: 최은영 외(2020). 영유아기 지속가능발전교육 실천방안 연구. p.19를 재구성

◎ 환경영역에 속하는 SDGs의 내용

4) 유아기 지속가능발전교육과 놀이 연결시키기

① 지난 놀이 되돌아보기

○ 지속가능발전교육 공동체 참여 이전에 했던 놀이의 일지나 사진자료를 보며 토론함

– 놀이를 다시 진행한다면 적용할 수 있는 지속가능발전교육의 내용 파악

– 유아들의 놀이 속에서 찾아볼 수 있는 지속가능발전교육 요소 선정

② 놀이실행하기

○ 지속가능발전에서 각 반에서 진행되는 놀이 함께 공유

- 각 반의 놀이들을 공유하며 지속가능발전교육 관점에서 어떻게 놀이를 지원할 수 있을지에 대해 공동체 구성원들과 토론
- 구성원들의 제언과 아이디어를 나누며 놀이를 통한 지속가능발전교육을 시도

유아들이 유치원에 등원하면서 항상 미세건지가 어떤지 물어봐요. 미세먼지 수치에 따라 바깥 놀이 진행여부가 결정되기 때문에 유아들에게도 큰 관심사인 것 같아요. 유아들과 미세먼지에 대해 알아보면서 디세먼지를 위해 우리가 할 수 있는 것이 무엇이 있을지에 다한 것을 놀이 속에서 풀어볼 수 있도록 도와주어야 겠어요

요즘 가게 놀이를 진행하고 있어요. 지금까지는 아이들이 하고 싶어하는 가게에 대해 교사가 돈과 물건, 계산대, 진열대, 장바구니 등을 준비해서 놀이할 수 있도록 했는데 과연 이러한 것들을 교사가 준비해주면 유아들이 시장경제나 지속가능한 생산과 소비에 대해 알 수 있는 것인가 하는 의문이 들어요. 지속가능발전교육의 시점에서 다시 생각하고 지원할 수 있도록 고민해 보아야 할 것 같아요

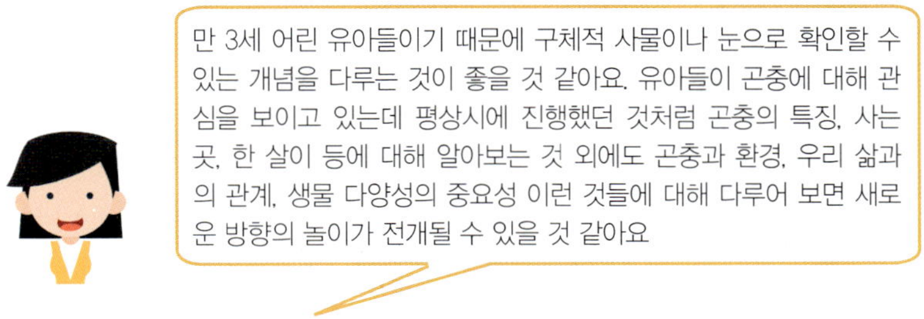

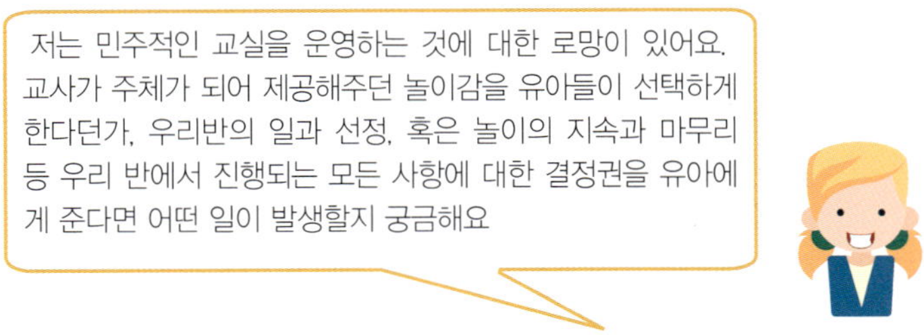

지속가능발전교육에 대한 이해와 실천을 증진시키기 위하여 연구진과 유치원 교사 4명은 학습공동체를 운영하였고 위에서 살펴본 바와 같이 탐구–변화–역량–놀이의 단계를 거치며 교사들의 인식과 지식은 점차 변화되며 지속가능발전교육의 실행에 있어 새로운 도전에 자신감을 보이는 등 긍정적인 모습이 나타났다. 교사학습공동체는 공동의 목표를 가진 수평적 관계의 교사들이 있다면 얼마든지 시도해볼 수 있다. 본 서의 자료들과 과정들이 지속가능발전교육을 실시하고자 하는 교사들에게 하나의 예시로서 기초적이며 의미있는 자료가 되기를 바란다.

변화의 씨앗 –
놀이를 통한 지속가능
발전교육 바로 알기

Ⅲ. 지속가능발전교육, 놀이로 풀기

유아기 지속가능발전교육의 궁극적인 목표는 지속가능발전을 지향하는 올바른 가치와 삶의 태도를 형성하고 실천하는 사람으로 성장하게 하는 것이다. 그렇다면, 유아들과 어떻게 지속가능발전교육을 실천해볼 수 있을까? 기존의 교사주도적인 계획에 따른 프로그램의 실행보다는 현재 실행중인 2019 개정 누리과정의 유아 주도 놀이의 연속선상에서 유아의 흥미를 기초로 지속가능발전교육을 융합함으로써 유아의 놀이속에 배움이 자연스럽게 일어나도록 지원하는 것이 더 바람직할 것이다.

3장에서는 유아의 놀이 흐름에 따라 교사가 효과적으로 유아의 흥미와 요구를 파악하여 지속가능발전교육의 경제적, 사회문화적, 환경적 내용을 놀이를 통해 경험하고 배움으로 연계하도록 지원하는 사례를 소개하고자 한다. 이를 통해 지속가능발전교육은 유아들의 삶이자 배움의 창구인 놀이 안에서 가장 자연스럽게 이루어질 수 있을 것이다.

3장 '지속가능발전, 놀이로 풀기'는 크게 두 가지 븐류의 놀이사례 분석을 담고 있다. 첫째, 참여 교사들이 지속가능발전교육 공동체에 참여하기 이전의 놀이들을 공동체이후 새로운 시각으로 들여다보며 새로운 적용가능성을 모색하는 사례들과 둘째, 공동체 이후 각 학급에서 실행한 지속가능발전교육의 놀이사례들을 경제, 사회문화, 환경의 초점에서 분석한 사례들로 구성되었다.

1. 놀이의 재발견

– 지속가능발전교육의 관점에서 지난 놀이 들여다보기 –

* 학습 공동체 과정에서 교사들은 일상적으로 진행해왔던 지난 놀이를 되돌아보며 우리가 인식하지 못했던 지속가능발전교육 요소에 대해 생각해보는 기회를 가짐

* 교육일지와 가정통신문, 놀이사진 등의 자료를 보며, 지속가능발전교육을 어떻게 적용할지 생각해 봄

* 학습공동체에서 새롭게 알게 된 지속가능발전교육의 관점에서 놀이의 흐름과 지속가능발전 목표와의 연관성, 실행 가능한 놀이지원에 대하여 분석함

1) 가게 놀이: 경제의 관점에서

2) 우리 동네 놀이: 사회문화의 관점에서

3) 텃밭 놀이: 환경의 관점에서

놀이의 재발견 분석단계

단계1

기존 놀이중 지속가능발전과 연관될 수 있는 놀이 찾기

단계2

지속가능발전의 세 영역 (경제, 사회문화, 환경)과의 연계

단계3

지속가능발전 목표(SDGs)와의 연계

단계4

지속가능발전에서의 새롭게 시도해볼 수 있는 놀이 및 교사의 지원

1) 가게 놀이: 지속가능발전의 '경제' 영역 관점에서 들여다보기

〈놀이배경〉

가게 놀이는 만 4세반에서 아이스크림 팔기 놀이로 시작하여 다양한 물건을 파는 가게로 확장되며 3주간 진행된 놀이임

〈가게 놀이를 다시 들여다보기로 선택한 이유〉

가게 놀이를 통해 다양한 소비, 생산, 분배 등의 경제개념을 다룰 수 있음

➔ 지속가능발전교육 중 지속가능한 생산과 소비, 시장경제, 빈부격차 완화 등의 내용을 다룰 수 있으며 합리적이고 윤리적인 소비의 태도에 대해 생각해 볼 수 있음

단계 1 '가게 놀이' 들여다보기

ESD를 몰랐을때

- 가게 놀이는 유아들의 경험이 풍부한 놀이로, 마트나 가게에 갔던 경험을 재구성하고 다양한 역할에 참여하고 소통하면서 놀 수 있음
- 가게 놀이는 어떤 놀이를 진행하든 품목만 바꿔가며 진행할 수 있는 놀이로 유아들의 흥미가 매우 높았음
- 교사는 가게 놀이에 필요한 물품과 돈, 역할 목걸이와 소품 등을 제공하고 놀이가 확장될 수 있도록 지원했음

〈기존 가게 놀이의 흐름과 내용〉

가게 놀이는 이렇게 진행 되었어요~

01
아이스크림을 팔아요
- 아이스크림 모형 만들기
- 아이스크림 사세요-팔아보기

02
돈이 필요해요
- 계산대, 돈 준비하기
- 손님과 주인역할 나누어 가게 놀이 해보기

03
물건을 분류해요
- 물건을 잘 팔려면?
- 물건 품목별 분류하기
- 안내문, 전단지 만들기

04
마트 놀이를 해요
- 대형마트가 열렸어요. (가게, 푸드코트, 사진관, 카페)
- 마트에 필요한 다양한 직원의 역할 알아보기

단계 2 '가게 놀이'와 지속가능발전 세 영역과 연계해보기

가게 놀이를 지속가능발전의 세 영역으로 분석해 볼까요?

- 판매물품 재활용하기(물품 나눠쓰고 바꿔쓰기 실천하기)
- 물건 소비 시 욕구와 필요에 대해 판단하여 낭비하지 않는 습관 형성하기
- 친환경, 지속가능성을 고려한 물품을 소비하는 습관 기르고 실천하기
- 판매물품을 만들고 팔아보는 경험을 하며 생산과 소비의 관계 이해하기
- 다른 사람과 나누는 것과 도움이 필요한 곳에 하는 기부에 대해 알아보기

- 물건이 만들어지기까지의 과정 알아보고 나의 삶과의 관계 느껴보기
- 우리 지역에서 만들어지는 물건과 이를 사용할 때의 이점에 대해 알아보기

가게 놀이

환경

자연자원
자연자원의 순환과정 및 나의 삶과의 관계

지속가능한 지역사회
한정된 공간과 자원 안에서 함께 살아갈 역량 함양

경제

지속가능한 생산과 소비
물건의 재활용에 대한 지식, 가치, 태도 형성
낭비하지 않는 소비습관 형성

기업의 지속가능성
친환경적, 지속가능성 기반으로 한 공정한 생산

시장경제
생산과 소비의 관계 이해
지속가능한 소비 습관 이해 및 실천

빈부격차 완화
나눔과 기부에 대한 이해

사회문화

사회정의
일상에서 불공정한 문제 인식
공평함과 불공평함의 이해

시민참여
타인의 의견에 대한 이해와 존중
타인의 협력에 기반한 문제해결과정 경험

매체소양
광고에 대한 비판적수용

- 가게 놀이시 발생한 갈등상황 긍정적으로 해결하기
- 가게 놀이시 나타난 광고에 대해 비판적으로 수용하기

단계 3 '가게 놀이'와 지속가능발전 목표(SDGs) 연계

가게 놀이를 할 때 어떤 지속가능발전 목표를 적용해 볼 수 있을까요?

지속가능발전 목표(SDGs)	가게 놀이에 적용할 수 있는 목표
 빈곤퇴치	빈곤의 의미를 알고 자원이 부족한 사람들에게 나눔과 기부를 할 수 있음에 대해 안다.
 모두를 위한 양질의 교육	유아들이 주변의 사회문제와 갈등상황에 관심을 가지고 긍정적으로 해결할 수 있는 방법을 모색한다.
 양질의 일자리와 경제성장	우리주변의 다양한 직업과 일에 대해 관심을 가지고 모두가 적성과 능력에 따라 직업과 일을 갖고 상품이나 서비스를 제공한 댓가로 돈을 벌 수 있음을 안다.
 지속가능한 생산과 소비	지속가능한 미래를 위해 필요와 욕구를 구별하며 현명한 생활습관을 기른다. 친환경적이고 지속가능한 물건의 생산과 소비가 중요함을 안다.

단계 4 지속가능발전교육에서 실행해볼 수 있는 '가게 놀이'와 교사의 지원

〈단계별 지속가능발전 관련 놀이 내용의 재구성 〉

지속가능발전교육의 관점에서
가게 놀이를 재구성 해보았어요!

01 아이스크림을 팔아요

- 생산과 소비, 다양한 일과 직업에 대해 알아보기
- 유아들과 놀이에 필요한 환경 구성하고 소품 만들기

02 가게 놀이를 해요

- 돈에 대한 토론
  (돈을 잘 사용하려면? 놀이에 사용하는 돈을 공평하게 나누려면?)
- 어떤 물건을 판매할까?
- 재활용품으로 가게에서 팔 물건 만들기

03 알뜰장터가 열렸어요

- 알뜰장터 준비하기(물건 기부받기, 품목 분류하기, 금액 책정하기)
- 재활용품 활용하여 키링만들기, 폐현수막으로 에코백 만들기
- 우리가 팔 수 있는 친환경 제품 알아보기

04 주변 사람들과 나눠요

- 알뜰장터에서 남은 물건 '아름다운 가게'에 기부하기
- 우리 주변에 도움이 필요한 곳 이야기 나누기
- 알뜰장터 수익금 기부하기

〈지속가능발전교육 관점에서 가게 놀이 교육적 지원〉

지속가능발전교육의 관점에서
가게 놀이를 다시 지원한다면?

공간

- 다양한 가게 놀이 관련 공간 확보
- 분리배출함 비치하기
- 놀이 재활용장 구성하기

상호작용

- 가게 놀이를 통해 직업, 고용과 임금, 소비 등에 관심갖기
- 의사결정을 위한 또래와 토론 과정 도움주기

가게 놀이
놀이 지원

자료

- 가게 놀이 관련 소품 제공
- 다양한 화폐
- 관련 게임자료
- 알뜰한 지갑 게임

일과

- 유치원 주변 다양한 가게 견학가기
- 또래와 물물교환 해보기

2) 우리 동네 놀이: 지속가능발전의 '사회문화' 영역 관점에서 들여다보기

〈놀이배경〉

우리 동네 놀이는 만 5세반에서 산책으로 시작하여 동네에 관심을 가지게 되면서 3주간 진행된 놀이임

〈우리 동네 놀이를 다시 들여다보기로 선택한 이유〉

우리 동네의 다양한 기관과 역할, 직업에 대한 관심 및 지역사회의 구성원으로서 소속감을 가지는 것에 초점을 두었음

➔ 지역사회의 이슈나 사회적 쟁점에 귀 기울이고 관련 문제들에 적극적으로 참여하고 해결하는 과정을 통해 민주 시민으로서의 역량과 태도를 형성할 수 있음

단계 1 '우리 동네 놀이' 들여다보기

ESD를 몰랐을때

– 동네를 산책하면서 우리 동네의 기관과 일하는 사람들에 대해서 알아보는 활동 진행
– 동네의 지리적 위치나 특징, 문화, 역사 등을 이해하고 관심을 갖는데 중점을 둠
– 도서관, 은행, 우체국, 주민센터, 구청 등 공공시설 견학을 통해 지역사회 알아보기로 확대됨

〈기존 우리 동네 놀이의 흐름과 내용〉

우리 동네 놀이는 이렇게 진행 되었어요~

01 우리 동네 산책하기
- 친숙한 공간과 낯선 공간 탐색하기
- 새로운 장소 발견하기

02 우리 동네 기관 알아보기
- 도서관, 우체국 등 공공시설 방문하기
- 편의시설, 상가 찾아보기
- 기관에서 일하는 사람들의 직업 알아보기

03 우리 동네 다양한 이웃
- 다양한 직업 체험하기
- 이웃을 도와주는 직업

04 우리 동네 지도 그리기
- 우리가 다니는 산책길 탐방
- 유치원 주변 지도 그리기

단계 2 '우리 동네 놀이'와 지속가능발전 세 영역과의 연계

우리 동네 놀이를 지속가능발전의 세 영역으로 분석해 볼까요?

- 우리 동네의 인구구성 알아보기
- 우리 동네의 친환경 교통수단 찾아보기
- 교통약자의 이동편의 개선을 위한 방법에 관심 가지기
- 도심속 자연공간 찾아보기
- 우리 동네의 자원순환과정 알아보기

환경

지속가능한 지역사회
인구현상이 유아의 삶에 미치는 영향
한정된 공간과 자원안에서 함께 살아갈 역할 함양

교통
다양한 교통수단에 대한 이해
친환경 교통수단 이용 실천

- 우리 동네에 발생한 사회적 이슈와 시민참여 방법에 관심 가지기
- 빈곤충이나 취약계층을 위한 사회적 배려알기
- 안전신문고 : 우리동네의 안전한 곳, 위험한 곳 찾아보기
- 우리 동네의 다양한 일자리에 관심 갖고 좋은 일자리에 대해 생각해 보기

우리 동네 놀이

경제

기업의 지속가능성
친환경적, 지속가능성 기반으로 한 공정한 생산

빈부격차 완화
나눔과 기부에 대한 이해

사회문화

인권
유아의 참여확대

안전
일상 속 안전을 위협하는 다양한 요소 인식

사회정의
일상에서의 불공정한 문제 인식
올바른 인성교육

시민참여
문제해결과정 참여 및 의사표현
타인과의 협력에 기반한 문제해결 과정 경험

- 나눔과 기부를 통해 지속가능한 소비와 생산 실천하기
- 지속가능한 관광확대를 위해 지역 홍보하기

단계 3 '우리 동네 놀이'와 지속가능발전 목표(SDGs) 연계

우리 동네 놀이를 할 때 어떤 지속가능발전 목표를 적용해 볼 수 있을까요?

지속가능발전 목표(SDGs)	'우리 동네 놀이'에 적용할 수 있는 목표
모두를 위한 양질의 교육	유아들이 주변의 사회문제에 관심을 가지고 참여하며 세계 시민의식을 함양할 수 있도록 함
지속가능한 도시와 주거지 조성	포용적이며 안전하며 회복력 있는 동네에 대해서 생각해보고 시민참여 확대를 경험함
지속가능한 생산과 소비	소비에 대한 올바른 인식을 가지고 책임감 있는 소비를 하기 위한 방법을 실천함
육상 생태계 보전	지역사회 내의 생물 다양성을 인식하고 생명체와 함께 공존하며 더불어 살아가는 태도를 형성함
평화 · 정의 · 포용	정보에 대한 접근과 사회 각계각층의 시민참여도가 높은 의사결정을 경험함

단계 4 지속가능발전교육에서 실행해볼 수 있는 '우리 동네 놀이'와 교사의 지원

〈단계별 지속가능발전 관련 놀이 내용의 재구성 〉

지속가능발전교육의 관점에서
우리 동네 놀이를 재구성 해보았어요!

01 우리 동네 산책하기
- 우리 동네의 다양한 교통수단 경험하기
- 우리 동네의 자연공간 찾아보기

02 우리 동네 기관 알아보기
- 우리 동네의 일자리 알아보기
- 내가 버린 쓰레기는 어디로 갈까? : 자원순환과정 알아보기

03 우리 동네에 기여하기
- 우리 동네의 사회적 이슈에 관심 갖고 참여하기
- 우리 동네 안전지도 그리기
- 탄소 줄이기를 위해 우리들이 할 수 있는 것 찾아보기

04 더불어 사는 우리 동네 만들기
- 사용하지 않는 물건 기부하기
- 취약계층을 위한 나눔 경험하기
- 우리 동네 홍보하고 알리기

〈지속가능발전교육 관점에서 우리 동네 놀이 교육적 지원〉

지속가능발전교육의 관점에서 우리 동네 놀이를 다시 지원한다면?

공간

- 우리 동네 기관을 구성할 수 있게 쌓기놀이 공간 확장
- 기부를 위한 물건을 모아 놓는 공간 제공
- 다양한 직업적 역할을 경험할 수 있는 공간 구성

상호작용

- 지역사회의 일원으로서 참여를 유도하고 목소리를 낼 수 있도록 격려

우리 동네 놀이 놀이 지원

자료

- 우리 동네 이슈 뉴스 돋보기
- 구청, 시청 홈페이지 및 정책자료
- 대중교통 노선도
- 교실에서 배출하는 쓰레기의 중량이나 부피를 측정할 수 있는 도구

일과

- 일상적인 동네 산책시간 확보
- 지역사회의 인적 자원과 만날 수 있는 기회 제공

3) 텃밭 놀이: 지속가능발전의 '환경' 영역 관점에서 들여다보기

〈놀이배경〉

텃밭 놀이는 만 3세반에서 12주간 진행되었던 놀이로, 계절마다 텃밭에서 볼 수 있는 작물에 호기심을 갖기 시작하여 텃밭에서 키울 수 있는 작물의 종류와 특징, 성장으로 흥미가 확대되며 진행된 놀이임

〈 텃밭 놀이를 다시 들여다보기로 선택한 이유〉

자연존중, 탐구능력 증진을 위한 자연 친화적 놀이

➔ 다양한 생물종을 인식하고 생물다양성에 대해 존중하는 태도를 기르며, 신선한 식재료를 접하는 과정에서 건강과 지속가능한 식량 생산과 소비를 경험해 보도록 할 수 있음

단계 1 **'텃밭 놀이' 들여다보기**

ESD를 몰랐을때

- 매년 계절마다 수확할 수 있는 제철 작물 모종을 심어 키워보는 활동 진행
- 다양한 작물을 심고 돌보며 식물의 성장과정을 이해하고 수확의 기쁨을 느끼도록 하는데 중점
- 텃밭 작물로 요리하여 먹어봄으로써 식생활지도를 실행함

〈기존 텃밭 놀이의 흐름과 내용〉

텃밭 놀이는
이렇게 진행 되었어요~

01
텃밭 가꾸기
- 계절에 맞는 텃밭 작물 알아보기
- 무 모종 심기
- 우리반 텃밭 팻말 만들기

02
농부의 역할 실천하기
- 텃밭 작물 관리하는 방법 알아보기
- 텃밭에 물주기
- 텃밭 잡초 뽑기

03
작물 수확하기
- 작물 수확하는 방법 알아보기
- 무 수확하기

04
우리가 수확한 작물로 요리하기
- 무 탐색하기
- 깍두기 레시피 조사하기
- 요리 재료 구입하기
- 깍두기 담그기

단계 2 '텃밭 놀이'와 지속가능발전 세 영역과의 연계

텃밭 놀이를 지속가능발전의 세 영역으로 분석해 볼까요?

텃밭 놀이

환경

자연자원
자연자원의 필요성과 중요성

생물다양성
생물다양성과 생태계 간 관계 이해하기

환경문제
육상생태계 보존을 위한 노력

지속가능한 식량생산
환경과 인간에게 이로운 식량 생산 방식 이해
건강한 식량 생산의 필요성 이해

- 식물자원이 우리에게 주는 이로움(이산화탄소 흡수, 생물종 보존)
- 텃밭에 도움을 주는 다양한 곤충(지렁이, 달팽이, 꿀벌)
- 지역 식재료, 제철음식으로 탄소발생 줄이기
- 친환경 농업방식 알기

경제

시장경제
생산과 소비의 관계 이해

빈부격차 완화
나눔과 기부에 대한 이해

- 텃밭작물을 잘 기르고(생산) 효과적으로 사용하는 방법(소비)
- 주변의 이웃, 지역사회와 텃밭의 작물 나누며 나눔과 기부 경험갖기

사회문화

건강과 식품
건강한 음식에 대한 이해

세계화, 국제적 책임
지구환경에 대한 공동의 책임 이해와 노력

- 우리가 기른 작물로 요리하고 건강한 음식에 대해 알아보기
- 친환경 비료를 이용한 식물 기르기 경험과 우리몸에 미치는 영향

단계 3 '텃밭 놀이'와 지속가능발전 목표(SDGs) 연계

텃밭 놀이를 할 때 어떤 지속가능발전 목표를 적용해 볼 수 있을까요?

지속가능발전 목표(SDGs)	텃밭놀이에 적용할 수 있는 목표
기아종식	환경자원 보존과 농업 생산성 유지를 달성하기 위한 지속가능한 농업을 경험해 볼 수 있음
건강과 웰빙	건강한 음식, 건강한 식재료를 경험해 보는 것을 통해 건강의 의미에 대해 이해하고 건강증진을 위한 삶을 실천해 보도록 함
지속가능한 도시와 공동체	텃밭을 가꾸며 녹지공간을 경험하고, 다양한 식물과 곤충이 공존하는 생태계를 경험해 볼 수 있음
책임감 있는 소비와 생산	지속가능한 생산 양식에 대해 인식하고 실천해 보도록 함
육상 생태계	식물과 동물과 미생물 등 다양한 생명체가 함께 살아가야 함을 인식하고 소중하게 대하며 사랑하는 마음을 갖도록 함

단계 4 지속가능발전교육에서 실행해 볼 수 있는 '텃밭 놀이'와 교사의 지원

〈단계별 지속가능발전 관련 놀이 내용의 재구성 〉

지속가능발전교육의 관점에서 텃밭 놀이를 재구성 해보았어요!

01 텃밭 가꾸기

- 1인 1작물 기르기(자연녹지 공간 확대)
- 텃밭에서 기를 식물 투표하기 (문제해결 과정 참여 및 의사결정하기)
- 텃밭에서 함께 살아가는 곤충 알아보기

02 친환경 농부되기

- 빗물저금통 활용한 텃밭 가꾸기(물부족 해결을 위한 노력)
- 친환경 농업 경험하기(지렁이 상자 활용, 천연비료 만들기)

03 함께 수확하고 나눔해요

- 나만의 식물도감 만들기(식물의 성장과정 경험)
- 수확한 작물 이웃에게 나눔 하기
- 우리의 생태발자국 계산해보기

04 건강한 음식 요리사

- 푸드마일리지 활용한 건강한 식단 작성하기(건강한 식재료, 음식을 통한 건강증진)
- 제철음식으로 우리반 식단 구성하기

〈지속가능발전교육 관점에서 텃밭 놀이 교육적 지원〉

지속가능발전교육의 관점에서 텃밭 놀이를 다시 지원한다면?

공간

- 텃밭 상시 개방
- 역할영역에 모형 텃밭가꾸기 영역 구성
- 농부 작업복 탈의실 구성

상호작용

- 텃밭에서의 다양한 생물 발견 격려
- 식재료가 식탁에 오기까지의 과정 알아보기
- 식재료의 소중함

텃밭 놀이 놀이 지원

자료

- 다양한 식물도감
- 텃밭 놀이도구
- 제철 작물 실물 비치
- 빗물 저금통
- 천연비료 재료와 도구

일과

- 오전, 오후 바깥 놀이시간 확장
- 소그룹 요리활동 시간 배치
- 영양사님과 만남 시간 계획

2. 놀이로 실천하는 지속가능발전교육

- 지속가능발전교육 놀이사례 -

* 학습공동체를 운영하며 교사들의 지식과 관점이 변화됨에 따라 유아들의 자발적 지속가능발전교육의 요소들과 전략들을 적용해보기 시작함

* 교사들은 유아들의 놀이에서 지속가능발전교육의 경제, 사회문화, 환경 영역의 내용들과 연계하며, 관련된 교육적 지원을 실행함

* 유아주도적 놀이가 지속가능발전과 연계되며 확장되어 나가는 과정을 통하여 지속가능발전교육이 실현되도록 지원함

1) 경제: 슬기로운 경제생활
2) 사회문화: 우리가 만들어가는 바깥 놀이터
3) 환경: 사슴벌레 입양보내기

놀이사례의 서술구조

01	02	03	04	05
놀이 발견하기	**지속가능발전교육의 관점에서 생각하기**	**놀이지원하기**	**지속가능발전 7Rs 전략과 교수학습 내용**	**평가하기**
• 유아들의 놀이 관심사에서 출발하기	• 인류와 지구를 생각하며 통합적, 체계적 사고하기 • 현세대와 미래 세대의 필요 반영하기	• 지속가능발전교육 목표 및 내용 고려한 지원 • 정서적 지원, 재료, 공간, 시간 활동의 지원	• 공감하며 놀이 지원하기 • 7Rs의 원리 고려하기	• 지속가능발전교육 실천역량 증진시키기 • 삶의방식, 태도, 가치 형성하기

01: 놀이 발견하기

교사는 자연스럽게 발현된 놀이에서 유아들의 관심 및 흥미를 파악하고 지속가능발전교육과의 연계 가능성을 탐색함

02: 지속가능발전교육 관점에서 생각하기

놀이를 지원함에 있어서 유아의 흥미와 놀이의 내용이 현세대와 미래 세대의 필요가 반영되어 있는지 고려하고 지속가능발전의 세 영역(경제, 사회문화, 환경)이 포함되어 있는지 통합적으로 사고하여 구체적인 지원방안을 계획함

03: 놀이지원하기

지속가능발전목표와 내용에 부합하는 관련 자료를 활용하여 놀이 속에서 유아들이 자연스럽게 경험할 수 있도록 도움. 유아들의 흥미와 확장에 따라 지속가능발전교육의 요소와 부합하는 방식으로 놀이를 지원함

04: 지속가능발전교육 7Rs 전략과 교수학습 내용

놀이 및 활동에서 나타난 7Rs의 원리를 파악하고 유아들의 관심과 흥미에 따라 놀이에서 이루어진 지속가능발전교육의 교수학습 내용을 선정함

05: 평가하기

지속가능발전교육의 영역별 학습 목표 및 지속가능발전의 목표 두 가지 기준으로 놀이를 통해 유아들의 성과와 학습을 평가함

1) 경제: 슬기로운 경제생활

가게 놀이가 시작되었어요.
그런데 한 친구가 돈 바구니에 있던 돈을 모두 가져버렸죠.
다른 친구들도 마트놀이를 하려면 돈이 필요했는데 말이죠.
물건은 사지 않고 돈만 차지하는 친구가 생겨나면서
우리들의 생각나누기가 시작되었어요.

'슬기로운 경제생활'
놀이시작 배경

학급의 연령/인원
만 5세 24명으로 구성되어 있음

이전경험
마트 놀이, 사진관 놀이, 미용실 놀이 등이 진행되고 있었음

놀이환경
- 마트 놀이: 여러 음식 모형
- 미용실 놀이: 다양한 미용재료 및 도구
- 사진관 놀이: 아이패드, 삼각대, 여러 가지의 배경

유아들의 관심
- 돈을 내고 원하는 것을 얻는 것에 흥미를 보임
- 돈을 소유하는 것 자체에 관심을 보이기도 함
- 돈이 많으면 좋은 것이라 생각하여 돈을 먼저 차지하기도 함

교사의 관심과 고민
유아들이 돈을 필요로 하게 되면서 돈을 만들어 사용하게 됨에 따라 생기는 분배의 문제에 대한 갈등

놀이 발견하기

유아들이 마트, 사진관, 미용실과 같은 여러 가게 놀이가 이루어지면서 돈이 필요하여 교사가 우리 반 돈을 만들어 제공했다.
그러자 몇 명의 유아들이 먼저 돈을 차지하고 소유하려하고 친한 몇몇 친구들에게만 나누어 주었다. 이렇게 돈이 몇몇 유아들에 의해 독점되고, 돈이 모자라게 되자, 유아들의 갈등과 불만이 표출이 되어 이러한 문제에 대해 유아들과 이야기를 나누었다.
유아들은 돈을 '공평' 하게 나누어 갖자고 하였다.
"우리 반에 있는 돈을 모두 똑같이 나눠요!"

- 여러 종류의 가게가 만들어졌으나 돈의 순환이 원활하지 않아 갈등이 자주 나타남
- 유아들과 문제에 대해 이야기 나누어 협의의 과정을 갖고자 함
- 화폐의 기능과 가치에 대한 이해가 필요하며 한정된 돈의 합리적인 사용에 대해 알아보아야 하겠음
- 유아들이 가게 놀이를 통해 자연스럽게 생산자와 소비자의 역할, 직업, 고용, 분배의 개념, 화폐가치 등을 경험해 보며 현명한 소비, 절약, 의사결정, 기회비용, 희소성과 선택 등을 경험하는 것을 목표로 함

지속가능발전교육의 관점에서 생각하기

- 가게 놀이는 유아들이 선호하는 놀이 중 하나로 놀이 안에서 소비, 생산, 분배의 경제활동을 경험해 볼 수 있고 구체적으로 교환, 소비, 희소성과 선택에 대한 경험이 이루어질 수 있음
- 교실에서 사용되는 우리 반 화폐를 사용해 놀이하면서 일어난 갈등을 해결해나가면서 지속가능발전의 측면에서 현명한 소비 태도와 습관 형성에 도움을 줄 수 있을 것으로 판단함
- 사회문화, 환경 영역과도 자연스럽게 연계될 수 있으면서도 지속가능발전의 세 영역의 경제 영역 중 지속가능한 생산과 소비, 시장 경제, 빈부격차 완화에 적용될 수 있는 가능성이 많음

환경
- 자연자원의 순환과정 및 나의 삶과의 관계이해
- 한정된 공간과 자원안에서 함께 살아갈 역량 함양

사회문화
- 공평함과 불공평함에 대한 이해
- 문제해결과정 참여 및 의사표현
- 타인의 의견에 대한 이해 및 존중

지속가능발전교육 중점영역〈경제〉 – 시장경제

유아는 생활 속에서 돈, 가게, 직업을 가진 사람들, 구매, 광고 등을 통해 경제와 관련된 다양한 경험을 하게 된다. 이러한 유아의 경험들은 자연스레 시장놀이로 표현된다. 시장놀이는 돈을 지불하고 물건을 사고파는 행동에 집중된 단순한 재미를 위한 놀이로 진행되지 않도록 주의할 필요가 있다. 시장놀이를 통해 유아들은 생산과 소비의 관계를 이해하고, 합리적인 의사결정능력을 함양하여 경제적 가치관을 기르는 기초를 마련할 수 있다. 더불어 지구와 환경과 자원의 관계를 고려한 지속가능한 경제생활에 관심을 갖고 실천할 수 있도록 도와야 한다.

경제
- 생산과 소비의 관계 이해
- 지속가능한 소비습관 이해 및 실천
- 재활용, 재사용에 대한 지식, 가치, 태도 형성
- 공평하게 나누는 것에 대한 이해

'슬기로운 경제생활' 놀이 지원하기

"가게 놀이가 시작되었어요.
물건은 사지 않고 돈만 차지하는 친구들 때문에 놀이를 계속 할 수가 없어요."

01 돈을 나누어요

02 어떻게 해야 돈을 벌 수 있을까요?

03 다양한 생산자의 탄생

04 교실에 문구점이 생겼어요

05 직원이 번 돈은 누가 가져갈까요?

06 진짜 가게를 열어요

07 알뜰가게가 열렸어요

1. 돈을 나누어요

지속가능발전교육 focus : 일상에서의 불공정한 문제 인식, 공평에 대한 문제제기

돈이 없어서 가게 놀이를 할 수 없어요.
우리가 돈이 다 있었으면 좋겠어요.
교실에 있는 돈을 세어보고 똑같이
나눠주는 건 어때요?

⦿ 우리 반 화폐액수의 제한: 여러 유아들이 참여중인 가게 놀이를 위해 기존에는 무한정 돈을 만들어 사용하다가 교사는 유아들에게 '물물교환, 소비, 희소성과 선택' 등의 목적으로 한정된 화폐만을 제공하기로 함

⦿ 갈등과 불만: 몇몇 유아들이 제공된 대부분의 든을 차지하고 조금씩 나눠주기 시작하며 돈이 없는 유아들의 불만이 커짐. 돈을 나누어 갖는 것에 대해 이야기하기로 함

⦿ 합의과 결정: 어떻게 돈을 나누어 가질 것인가에 대하여 유아들과 토론을 통해 해결방법으로 교실에 있는 돈을 모두 모아 2원씩 똑같이 나누어 갖기로 함

교사의 성찰

- 교사의 경제관련 교육 목적에 따라 가게 놀이에서 사용하는 돈을 한정적으로 제공했으나 그 순환이 원활하지 않아 갈등이 많아졌고 이를 지속가능발전교육과 중요한 연계점이 있다는 생각이 들었음
- 돈을 공평히 갖는 문제에 대하여 이야기나누기를 통해 공평하게 똑같이 나누어 갖고 가게 놀이를 진행하기로 함

돈을 다썼어요. 그런데 돈이 더 필요해요.
어떻게 돈을 벌지?
아! 무엇인가 팔아야 할 것 같아.
우리 가게 만들어서 뭘 팔아보자.
선생님이 우리 물건 좀 사주세요!

2. 어떻게 해야 돈을 벌수 있을까요?

지속가능발전교육 focus : 생산과 소비의 관계 이해

- 돈을 다 써버림: 똑같이 나누어 가진 돈을 다 물건을 사느라 사용해버린 유아들은 돈이 필요했음. 그래서 어떻게 돈을 벌 수 있을지 생각함
- 돈을 벌기위한 생산과 판매: 색종이 등 조형영역의 재료를 이용해 '동서남북', '하트 책갈피' 등을 만들고, 물건을 팔기로 함. '다이소'라고 이름을 지어 종이에 적어 블록위에 붙여 간판이라고 함
- 다양한 물건들의 판매 확대: 일부 유아들이 자신이 만든 것들로 돈을 벌게 되자 다른 유아들도 색종이 접기로 시계, 자동차, 곤충 등을 만들어 물건을 팔기 시작함. 쌓기영역에 여러 가게가 생겨남

교사의 성찰

- 돈을 다 쓰고, 필요하게 되자 유아들은 돈을 벌기 위한 수단으로 '생산'에 관심을 갖게 됨
- 무엇인가를 만들어 판매하면 수익이 난다는 것을 깨달음
- 생산자와 판매자 역할에 따라 물건의 가치(소비자에게 필요없는 물건, 구매해도 집으로 가져갈 수 없는 유치원 물건)에 대해 생각해 볼 수 있도록 지원할 필요가 있음

3. 다양한 생산자의 탄생(재능 발견하기)

지속가능발전교육 focus : 생산과 소비의 관계 이해, 공정한 생산의 개념

[색종이로 만든 동서남북, 나비]

[색종이로 만든 부채]

[유아가 만든 미술작품]

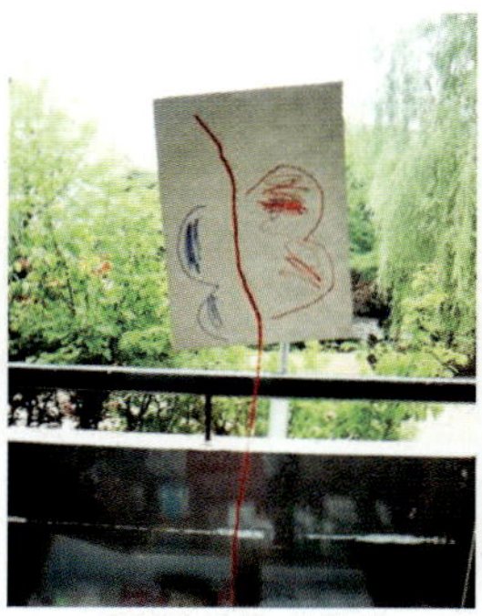

[유아가 만든 나비 연]

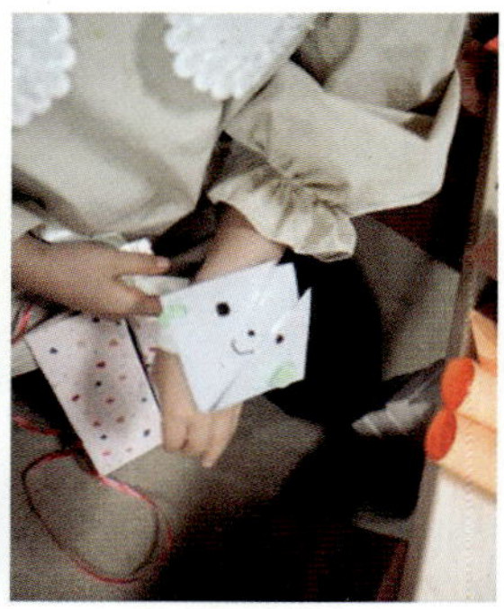

[유아가 만든 팔찌]

[유아가 만든 열쇠고리]

⊙ 여러 유아의 생산: 한 유아가 색종이로 튤립을 접은 것이 잘 팔리자 다른 유아들도 여러 종류의 꽃을 접어 판매함. 그러나 모든 꽃이 다 잘 팔리는 것은 아니었음

⊙ 재능의 특화를 통한 생산: 점차 다른 재료를 활용할 생각을 하면서 유아들은 자신이 가장 잘 할 수 있는 것을 만들었고, 교실에는 다양한 물건을 판매하는 생산자들이 생겨나게 됨(자신의 재능을 발견하게 됨)

교사의 성찰

- 똑같은 물건이 계속 팔리지 않는다는 것을 깨달은 유아들은 자신의 재능을 개발하여 창의적으로 물건을 생산해내기 시작함
- 생산자가 좋아하는 것만 만드는 것이 최선일까? 하는 의문이 들게 됨. 물건을 구매하는 소비자의 관점에서 생각하도록 도와야 함

4. 교실에 문구점이 생겼어요.

지속가능발전교육 focus : 책임 있는 소비와 생산

[문방구 앞에서 줄을 서서 물건을 구매하는 모습]

[막대사탕을 만든 모습]

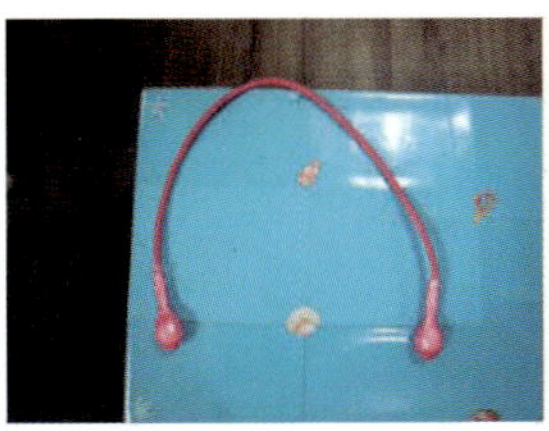

[줄넘기를 만든 모습]

[얼굴 팩을 만든 모습]

[확성기를 만든 모습]

⊙ 가게 놀이의 새로운 문제점 발생

1. 생산자, 판매자는 늘어가는 반면 소비자가 점점 사라짐
2. 교실 속 미술 재료(원재료)가 무분별하게 사용되고 있음

⊙ 문제해결을 위한 토의: 조형영역을 문구점이라고 하여 가게 놀이에 팔 물건을 만들 때는 재료를 구매하여 만들기로 함

⊙ 재료 구입을 위한 돈의 사용에 대한 고민: 문구점을 통해 유아들은 어떤 물건이든 당연하게 가져갈 수 없었고 재료를 사기 위해 자신이 갖고 있는 돈에서 얼마를 사용할지 고민해보는 과정을 경험함

교사의 성찰

- 문구점에서 재료를 구입해 가게에서 팔 물건을 제작하는 과정을 통해 희소성과 선택, 기회 비용, 의사 결정, 절제 등의 경제 거념이 생기고 있음
- 문구점 수익이 많아지고 돈의 순환이 필요해서 유아들과 적절한 해결방안을 찾을 필요가 있음
- 물건이 우리에게 오기까지의 과정, 판매자가 물건을 팔기까지의 과정을 알아보고 현명한 소비 방법에 대해서도 경험할 수 있는 기회가 됨

5. 직원이 번 돈은 누가 가져갈까요? (돈의 분배에 대한 갈등 발생)

지속가능발전교육 focus : 돈의 분배, 불평등

선생님이 다 가져가요. 선생님 가게니까요.
직원에게 줘요. 직원이 열심히 일했어요.
우리가 다 똑같이 나눠가져요.

⊙ 문구점 역할나누기: 문구점 주인은 누가 하면 좋을지 이야기 나누었고, 친구들이 돌아가면서 주인을 하고, 문구점에서 일하고 싶은 유아들은 직원으로 판매하는 일을 맡음

⦿ 수익발생과 분배의 문제발생: 문구점 수익이 58원이나 생겨 주인이 가져갈지, 직원이 가져갈지에 대한 문제가 발생하게 됨 유아마다 주장이 달랐고, 세 가지 의견으로 나누어짐

⦿ 돈의 분배에 대한 합의: 직원에게 나누어주기로 다수결로 방안 결정함. 직원이 열심히 판매하면 수익이 많이 나고 직원이 열심히 판매하지 않으면 수익이 없을 것이므로 직원이 열심히 했으니까 직원이 나누어 갖는게 맞다고 동의함

⦿ 가게마다 일자리가 생김: 문구점 뿐만 아니라 미용실, 사진관 등도 직원을 고용했고, 각각 가게에서 난 수익을 직원 역할을 맡은 유아들이 받게 됨

⦿ 수익의 창출: 놀이를 시작할 때 2원이 있던 한 유아는 31원까지 벌게 되었고, 이에 유아들은 다른 사람의 가게에서 직원으로 일을 해도 돈을 벌수 있다는 경험을 하게 됨

교사의 성찰

- 가게마다 다양한 모습이 관찰되었는데, 소비자의 욕구를 만족시키지 못할 경우, 큰 수익을 내기 어려웠고 아이디어가 좋거나 만드는 것을 잘하는 유아의 가게는 판매가 활성화되어 그렇지 않은 경우와 돈의 격차가 벌어지는 것이 관찰됨
- 직원을 고용하게 됨으로써 기회가 제공되었고 주인이 아닌 직원이어도 수익금을 갖게 되어 교실 내 불평등 해소에 도움이 되었음

6. 진짜 가게를 열어요

지속가능발전교육 focus : 책임 있는 소비와 생산

우리집에 안쓰는 장난감 가져와서 팔아볼래요.
버리는 것보다 필요한 사람한테 주는게 좋은 것 같아요.
우리가 가져와서 서로 바꿔요
가게에 내놓고 필요한 사람이 가져가고 그걸로 돈을 벌어요!

- ⊙ 판매의 확대: 교실에서 판매할 물건들에 대해 이야기 나누던 중 집에서 사용하지 않는 물건들을 가져오자는 의견이 나옴
- ⊙ 가정과의 연계: 대부분의 유아들이 책, 작아진 옷, 사용하지 않는 장난감 등을 이야기 했으며, 집에서 안 필요한 물건을 가져다가 필요한 사람이 가져갈 수 있도록 하며 판매해보자고 함

⊙ 판매물품의 기준: 가지고 올 물건의 조건을 정함 (망가진 것을 내놓으면 안돼요. 나에게 필요 없지만 물건을 새 것처럼 잘 사용할 수 있어야 해요.)

OO반 협조사항

1. 놀이 협조 사항

- OO반에서는 '다이소 놀이, 이마트 놀이, 다 팔아요 문방구 놀이' 등 다양한 가게 놀이가 진행되고 있습니다. 재료로 물건을 만들어 팔거나 친구의 가게에서 물건을 사는 경험을 하는 가운데 우리가 실제로 사용할 수 있는 물건을 사고, 팔아보는 경험을 해보기로 하였습니다. 생산자로서 내가 팔고 싶은 물건을 선택해보고 물건의 가격의 정해보며 물건을 팔기까지의 과정을 경험해보고 소비자가 되어 한정된 자원으로 필요한 물건을 선택하여 구매해보는 현명한 소비 태도를 길러볼 수 있을 것이라 기대됩니다. 생산자가 팔 수 있는 물건의 종류는 유아들이 만든 것(비누), 집에서 가지고 온 물건으로 정하였습니다. 유아들이 사용했던 물건 중 더 이상 사용하지 않으나 사용 가능한 물건, 친구들의 물건과 교환해 보고 싶은 물건들을 2~3개 골라 유치원으로 보내주시기 바랍니다.

문구류	연필, 색연필, 싸인펜, 수첩 등
장난감류	망가지지 않고 비싸지 않으며 더이상 사용하지 않는 장난감이나 인형
도서류	우리가 읽을 수 있는 책

교사의 성찰

– 사용하지 않지만 사용 가능한 물건들이 버려지는 것에 대해 이야기 나누는 것을 통해 책임 있는 소비와 생산에 대해 인식하고 있는 것을 알 수 있음
– 바자회를 통해 아껴쓰고, 나눠쓰고, 바꿔쓰고, 다시 쓰는 삶의 태도를 실천할 수 있음

7. 알뜰가게가 열렸어요

지속가능발전교육 focus : 책임 있는 소비와 생산

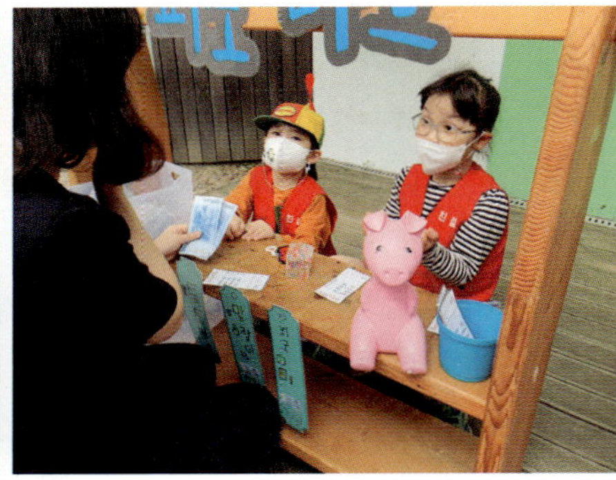

◉ 가게를 열기 위한 준비

- 물건의 가격 정하기 유아들이 가정에서 가져온 물건들을 분류하고 얼마에 판매할지 논의하여 가격표를 만들어 붙임(가격 책정의 기준: 물건의 기능, 나에게 얼마나 의미 있는 물건이었는지 여부)
- 광고지 만들기, 간판 만들기

◉ 판매자와 소비자를 두 팀으로 나누어 알뜰가게 진행

- 소비자는 가격을 묻고 자신에게 얼마가 있는지 확인한 후 구매를 결정, 물건에 대해 궁금한 것을 질문을 통해 해결하는 모습이 나타남
- 판매자는 자신이 파는 물건을 설명하고, 소비자를 설득시키려는 모습이 나타남

교사의 성찰

- 알뜰 가게 경험을 통해 유아들이 갖고 있는 한정된 재화로 자신에게 꼭 필요한 물건을 사는 경험을 해봄
- 사고 싶은 물건이 있는 경우 돈을 아껴쓰거나 자신이 생산자가 되어 물건을 더 판매하여 돈을 모으는 모습이 나타남
- 소비에 대한 계획을 세우는 모습을 보임
- 정기적인 알뜰 가게를 통해 자원의 재활용과 재사용을 경험해 볼 수 있으며, 자원의 낭비를 줄이고 소비와 자원을 절약하는 태도를 기를 수 있음

지속가능발전 7Rs 전략과 교수학습 내용

놀이지원 전략(7Rs)

존중 (Respect)	학급 내 다양한 구성원의 의견을 존중한다.
반성 (Reflect)	가게의 필요성, 직원의 고용, 돈의 분배의 필요성에 대해 반성적으로 사고한다.
재고 (Rethink)	돈의 분배와 평등에 대하여 다시 생각해본다.
재활용 (Reuse)	나에게 필요없는 물건들을 다른 사람들에게 제공하거나 팔아본다.
절감 (Reduce)	생활에서 불필요한 물건들을 줄인다.
재확산 (Retribute)	공평하고 지속가능한 돈의 분배, 자원의 분배를 경험한다.

지속가능발전교육

유아들의 관심과 요구	지속가능발전교육 관련 교수학습 내용
'돈을 공평하게 나누고 싶어요'	공평, 공정성, 이득의 재분배 문제해결과정, 의사결정
'돈을 벌어보고 싶어요'	생산과 소비, 일과 소득
'진짜 가게를 열어보고 싶어요'	직업, 고용, 창업
'물건을 잘 팔려면 광고를 만들어야 해요'	타인의 관점 고려, 소비, 생산과 판매
'알뜰가게를 열어요'	지속가능한 소비습관, 재활용에 대한 가치 태도함양

평가하기

지속가능발전교육 학습 목표 평가

학습목표	내용
인지적 영역	– 물건 구매 시 필요와 욕구에 대해 생각해 보며 합리적이고 지속가능한 소비생활을 위한 기초적 지식을 형성 – 재화와 자원이 한정되어 있음과 생활하는데 필요한 자원이 없거나 부족한 빈곤의 생활을 겪는 사람도 있음을 인식 – 안정적인 일자리 창출과 지속가능한 경제성장은 개인의 행복을 위한 기초가 됨을 알게 됨
사회 · 정서적 영역	– 놀이 속 갈등상황을 해결하며 불평등에 대한 요소를 생각해 보고 해결방안을 모색 – 욕구와 필요에 의한 소비의 형태를 구분해 보고 개인과 사회 모두를 위한 책임 있는 소비와 생산에 대한 가치를 기름 – 사회의 구성원으로서 서로 간의 협력, 협상, 소통의 기술을 경험
행동적 영역	– 생산과 소비, 기회비용, 화폐의 가치 등 복잡한 문제에 다양한 문제 해결의 틀을 적용함으로서 통합적인 문제 해결력 증진 – 공평, 기부 등의 사회적 필요성을 이해하고 직접 시행하는 능력을 기름 – 재활용, 재사용, 낭비의 절감 등을 경험하고 실천함

SDGs로 평가하기

SDG 8

양질의 일자리와 경제성장

자신의 재능으로 질적인 경제 성장을 추구한다.

SDG 10

불평등 감소

경제활동 속 불평등 해소를 위해 다각도로 노력하며 포용적인 경제환경을 구축한다.

SDG 12

지속가능한 생산과 소비

책임 있는 소비와 생산을 통해 사회문화, 경제, 환경적 상황이 지속가능하도록 한다.

2) 사회문화: 우리가 만들어가는 바깥 놀이터

일곱 살이 되니까 바깥 놀이터가 너무 똑같아서 재미가 좀 없어졌어요.
새로운 놀이터가 필요해요.
우리가 진정으로 원하는 놀이터는 어떤 모습일까?
우리가 원하는 놀이터를 만들어 보자.
놀이터의 주인은 우리니까!

'우리가 만들어가는 바깥 놀이터'

놀이시작 배경

학급의 연령/인원

만 5세 22명으로 구성되어 있음

이전경험

바깥 놀이를 할 때에 주변에 있는 나무 기둥을 활용해 장애물 삼아 넘거나 바닥에 그림을 그려서 바닥 놀이를 즐기는 등 기존에 없던 새로운 놀이를 창조해 즐기고 있음

놀이환경

바깥 놀이터의 미끄럼틀, 오르기 시설, 모래 놀이터 등이 그동안 큰 변화없이 고정적으로 설치되어 있음

유아들의 관심

많은 유아들이 신체를 활용해 도전하고 모험을 즐기는 놀이를 원함
새로운 놀이터의 형태나 구조, 놀이방법이나 안전수칙

교사의 관심과 고민

유아가 놀이터에 대한 문제제기를 했는데, 고정된 공간이기 때문에 어디까지 지원할 수 있을지에 대한 고민

놀이 발견하기

매일 유아들이 노는 바깥 놀이터,
3년째 유치원을 다니고 있는 만 5세반 유아들은 늘 똑같은 기구들이 있는 바깥 놀이터가 어느새 부터인가 익숙해지면서 새로운 놀이터가 필요하다고 느꼈다.
나름대로 놀이터 내 나무기둥을 이용한 새로운 놀이를 만들어 놀기도 했는데, 고정되어 있고 놀이방법이 정해져 있어 다소 한계가 있었다.
유아들은 매일 이용하는 놀이터가 더 재미있어지기를 원했다.

- ★ 유아들은 고정되어 있는 복합놀이 시설을 관찰하면서 다른 놀이터에서 경험했던 부분을 이야기 하는 모습을 보임
- ★ 유아들은 친구들과 이야기를 나누며 우리 유치원 놀이터도 바뀌었으면 좋겠다고 함
- ★ 교실의 쌓기영역에서 자신이 경험한 신나는 놀이터를 구성하는 모습이 나타남
- ★ 유아의 관점에서 새로운 놀이터에 대한 접근이 필요함

지속가능발전교육의 관점에서 생각하기

- 놀이터를 새롭게 개발해보는 것은 유아의 일상에서 발현된 문제를 인식하고 다양한 관련 정보를 탐색하고 활용한 후 해결방안을 모색하며 실천하는 과정을 경험할 수 있음
- 문제 해결 과정에 참여하여 자신의 의사를 표현하고, 타인의 의견을 수용함으로써 타협과 협의를 해볼 수 있음
- 지속가능발전의 환경, 경제 영역과도 자연스럽게 연계될 수 있으면서도 이 중 특히 사회문화 영역 중 시민참여, 참여와 협력, 상호소통과 의사결정에 적용될 수 있는 가능성이 많음

환경
- 시민 참여의 환경적 가치
- 생태적 감수성 확산
- 한정된 공간과 자원안에서 함 살아갈 역량

사회문화
- 시민참여의 사회문화적 가치
- 참여와 협력
- 상호소통과 의사결정

경제
- 공정함에 대한 이해
- 시민참여의 경제적 가치

지속가능발전교육 중점영역〈사회문화〉–시민참여

유아교육기관에서의 공간은 유아들의 일상이 담겨 있으며 놀이가 이루어지는 곳이다. 유아들의 성장과 요구가 반영되어야 하므로 그 공간의 주인은 유아이다. 따라서 유아들은 주인의식을 가지고 자신을 둘러싸고 있는 공간을 변화시키기 위해서 주도적으로 참여해야 한다. 바깥 놀이터를 단순히 획일적이고 고정된 공간으로 인식하고 수용하기보다 자발적인 노력과 타인과의 협력으로 변화시키는 과정을 경험한다면 민주시민 의식과 태도를 기를 수 있을 것이다.

'우리가 만들어가는 바깥 놀이터' 놀이 지원하기

"놀이터의 주인은 우리예요.
우리에게 재미있고,
신나는 놀이터로 바꿀거예요."

01
새로운 놀이터를 원해요

02
다양한 놀이터를 조사해요

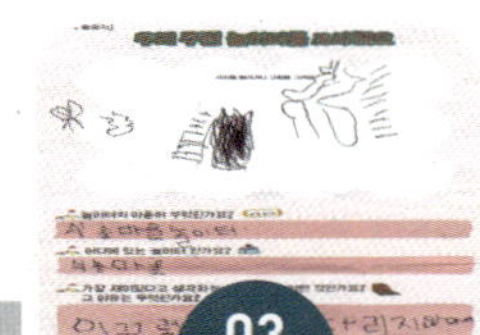

03
놀이터를 설계해요

04
우리가 원하는 놀이터에 투표해요

05
놀이터를 만들기 위한 재료를 찾아요

06
놀이터를 만들어요

07
안전하게 놀이터를 즐겨요

1. 새로운 놀이터를 원해요

지속가능발전교육 focus : 책임있는 생산, 민주적 의사결정

⊙ 민주적 논의: 이제는 너무 익숙해져버린 놀이시설에서 새로운 재미를 찾기 위해 다양한 시도를 해보았으나 한계에 다다름. 이에 놀이터를 바꾸고 싶은 부분에 대하여 논의함

⊙ 합의: 여러 번의 논의와 토론을 통하여 유아들은 놀이터의 바꾸고 싶은 점을 다섯 가지로 도출함

현재 우리 유치원 놀이터는?

1. 익숙해요-새로웠으면 좋겠어요
2. 느려요-속도가 빠른 놀이터를 원해요
3. 짧아요-길고 오래 탈 수 있는 미끄럼틀을 타고 싶어요
4. 낮아요-더 높이 높이 올라가고 싶어요
5. 모래가 깔려 있어요-물을 섞어서 질퍽질퍽 하거나 웅덩이가 있으면 좋겠어요

교사의 성찰

- 익숙해진 놀이시설에서 유아들이 다양한 방식으로 새롭게 놀기 위해 많은 시도를 하는 것이 관찰됨
- 교사로서 바깥 놀이터와 같은 고정물이 많은 공간은 바꾸기 어렵다는 생각에서 벗어나 유아들의 자유로운 놀이 욕구를 반영한 새로운 놀이시설을 함께 만들어 가보고자 시도하기로 함

2. 다양한 놀이터를 조사해요

지속가능발전교육 focus : 유치원 공동시설 구축을 위한 민주적 절차

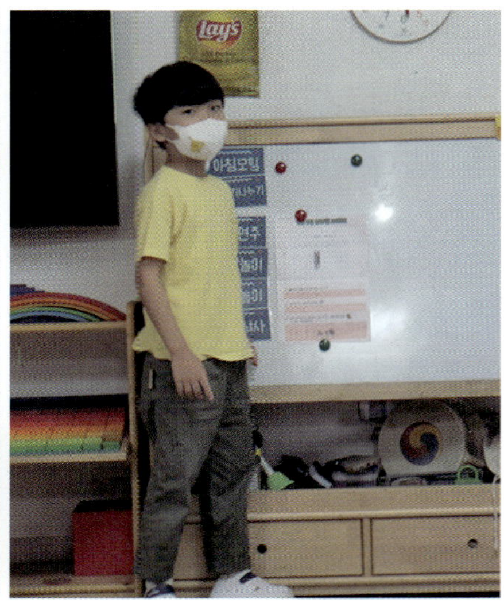

⊙ 가정연계조사: 각자 자신이 경험한 놀이터를 가정과 연계하여 조사해옴

⊙ 자료수집: 유아들이 자신들이 원하는 놀이터를 만들기 위해 인터넷을 활용하여 다양한 놀이터를 검색. 이전에 즐겁게 경험했던 타 지역의 놀이터에 대한 필요한 자료를 수집

⊙ 협력: 조사내용을 공유해보며 다양한 놀이터에 대한 생각을 확장, 각자 좋아하는 놀이시설에 대한 의견 공유

⊙ 지역사회: 인근의 초등학교 놀이터를 탐방하여 우리들이 원하는 시설이나 놀이가 있는지 살펴봄

⊙ 합의: 우리들이 만들고 싶은 놀이터의 요소 5가지 도출

교사의 성찰

- 다양한 놀이터와 관련된 사례와 자료를 유아들과 함께 나누며 이전에 놀이터에 대해 가지고 있던 인식을 재고해볼 수 있는 경험이 되었음
- 이러한 경험을 바탕으로 우리가 만들고 싶은 놀이터를 설계해서 생각들을 구체화시킬 필요를 느낌
- 국내외 다양한 놀이터 사진, 영상자료 조사하여 제공함

3. 놀이터를 설계해요

빨랐으면 좋겠어요.
높이 올라가고 싶어요.
우리가 마음대로 바꿀 수 있었으면 좋겠어요.
지금 놀이터는 못바꾸니까요.

지속가능발전교육 focus : 지속가능한 놀이 공간 구성

⊙ 조사: 유아들이 인터넷과 책. 교사가 지원한 해외자료 등을 참조해 놀이터에 대하여 심층조사를 이어감

⊙ 설계도 작성: 조사한 내용을 바탕으로 만들고 싶은 설계도를 그려보기로 함

– 평면으로 그려보기도 하고 입체적으로 구성해 보기도 함

교사의 성찰

– 유아들이 원하는 놀이터는 가변성이 있어서 의도대로 변화시킬 수 있으며 적절한 모험과 스릴을 원한다는 것을 알아냄.
– 바깥 놀이터는 유치원 구성원 모두가 함께 사용하는 공용공간이기 때문에 다른 학급과의 협력이 필요함.
*설계도면을 벽면에 게시함으로써 유아들이 다양한 아이디어를 보고 생각할 수 있도록 격려

4. 우리가 원하는 놀이터 설계 투표해요

지속가능발전교육 focus : 민주적 의사결정과 평등

- ⊙ 협의: 유아들은 원하는 바깥 놀이터를 만들기 위해 구성원들과 협의가 있어야한다고 생각. 모두가 원하는 놀이터를 동시에 만들 수 없다는 것에 동의함
- ⊙ 투표: 유아들이 설계한 다양한 놀이터 계획안 중에 5개에 대해 투표하기로 함
- ⊙ 민주적 의사결정: 투표결과 '클라이밍 놀이터'가 최다 득표를 하게 되었고 이에 따라 '클라이밍 놀이터' 만들기가 본격화되기 시작함
- ⊙ 소수의견에 대한 존중: 다수결로 결정되는 투표에 문제제기와 불만이 일부 있었으나 다수결로 정하기로 했으므로 다수의견이 나온 놀이터를 만들어 보기로 함

교사의 성찰

- 투표를 통해 다양한 견해에 귀 기울일 수 있었고, 나와 다른 타인의 생각을 존중할 수 있는 유의미한 경험이 되었음
- 특정 놀이터에 표가 몰리자, 소수의 의견이나 아이디어가 경시되는 것에 대해 유아들이 의문을 제기함.
- 다수의 결정이 늘 옳은 것인가에 대한 의문이 생겼고 이에 대해 많은 생각을 하게 됨. 정답은 없지만 유아들이 다수결에 대한 의문을 제시하고 소수의견에 대한 존중을 생각해본 것은 의미 있음

5. 놀이터를 만들기 위한 재료를 찾아요

지속가능발전교육 focus : 놀이터 제작을 위한 지속가능한 재료탐색

새로 사면 돈이 많이 들어
우리가 직접 보고 사려면 가게에
가야되니까 유치원에서 먼저 찾아보자 !

- ⊙ 놀이터 만들 재료구하기: 새롭게 구매하는 것보다 유치원 곳곳에 있는 재료들을 활용해보기로 함 (폐자재와 자연물 활용)
- ⊙ 사용하지 않은 재료의 활용: 폐목재나 기존에 사두고 사용하지 않고 있던 창고의 자료들을 활용하기로 함

⊙ 자료의 보관: 수집한 재료들은 바깥 놀이터 창고에 보관하기로 하고, 창고에 있는 재료를 언제든지 활용할 수 있도록 개방해 두기로 함

교사의 성찰

- 놀이터를 만들기 위해 필요한 재료 중 주변에서 쉽게 구할 수 있는 재료는 폐자재가 대부분이었음
- 폐자재는 다듬어지지 않아 다소 위험할 수 있었음. 그러나 위험하다고 이유로 재료로써 가치가 없다고 취급하기보다 유아들과 함께 왜 위험한지, 어떻게 안전하게 바꿀 수 있는지에 대해 지속적으로 이야기 나누는 과정이 의미 있음

*목재, 망치와 못, 드라이버, 안전장갑 등 제작 도구 제공

6. 놀이터를 만들어요

지속가능발전교육 focus : 협력과 소통

- ⊙ 협동과 협력: 놀이터 설계도에 맞춰 유아들은 자연스럽게 그룹으로 각 놀이터에 들어갈 기구나 조형물을 만들기 시작함
- ⊙ 제작과정이 놀이가 됨: 유아들에게는 모은 재료를 다각적으로 변형시키고 활용하는 것 자체가 놀이가 됨
- ⊙ 개방적 놀이터 구축: 놀이로 이루어진 제작과정의 결과물 또한 자연스럽게 놀이로 이어지게 되었고, 유아들이 직접 만들었기 때문에 변형도 자유로웠음. 고정적인 놀이터가 아닌 가변적이고 개방적인 놀이터가 만들어짐

⦿ 6개의 놀이터 건설

① 나무다리 놀이터: 오가는 방향이 자유로운 다리 완성, 중간에 만나면 가위바위보로 비켜줄 사람 정함

"선생님 이렇게 연결하니까 다리가 되었어요."

② 서서 타는 시소놀이: 앉지 않고 서서 타는 시소 제작

③ 보도블럭 사방치기: 그리는 방식이 아닌 박스로 배치하는 방식의 사방치기 제작 기존의 고정된 형태가 아닌 이동이 가능해서 언제든지 재구성하여 놀이방법을 변형해 활용할 수 있음.

④ 바퀴끌차 미끄럼틀: 속도를 느낄 수 있는 미끄럼틀 제작

⑤ 장애물 경기장: 폐타이어를 채색한 후 일정한 거리를 두고 배치해 장애물 경기장을 구성함

⑥ 클라이밍: 구조물인 암벽은 재활용 목재와 합판을 활용해 유아들의 설계도에 따라 전문가의 도움을 받아 시공했고, 유아들은 사포를 이용해 나무 표면을 다듬고 채색함

교사의 성찰

- 기존 놀이터의 단점을 보완하고 사용하지 않는 자재들을 재활용하면서 6개의 놀이터를 만들어가는 과정이 유아들의 협력을 통해 이루어지며 재활용을 통한 환경과의 연계가 있어 의미 있었음
- 각 놀이터를 다양한 유아들이 협력하며 만들면서 많은 의사결정 과정이 있었고, 유아들은 대화와 의견을 나누고, 때로 갈등을 겪고 해결하면서 공동의 목표를 달성하는 과정을 경험함
- 유치원의 인프라가 될 수 있는 바깥 놀이터 구성은 지속가능발전의 사회 부분과 밀접히 연관됨

7. 안전하게 놀이터를 즐겨요

지속가능발전교육 focus : 규칙과 문제해결

⊙ 규칙의 필요성: 놀이터를 사용하는 유아들 (다른 반 유아들 포함)이 늘어남에 따라 자발적인 규칙을 만들고, 이를 바꾸어나가는 과정 경험

⊙ 약속정하기: 학급마다 바깥 놀이 시간이 정해져 있어서 우리 반이 실내놀이 하는 시간에는 관리의 어려움이 있어 유아들은 누구나 보고 지킬 수 있는 약속판을 만들자고 제안했으며, 놀이 인원이나 방법을 완성해 게시함.

⊙ 안전관련 문제해결: 위험할 수 있는 부분이 발견되면 즉각적으로 해결에 나서는 모습을 보임

교사의 성찰

- 놀이터는 고정되고 완성된 형태가 아닌 우리의 필요나 요구에 따라 언제든 변화할 수 있다는 생각이 중요함
- 유아들이 책임감을 가지고 관리하는 부분은 지속가능 목표 중 '안전한 지역사회'와 '사회기반시설의 혁신'과도 연계될 수 있음

지속가능발전 7Rs 전략과 교수학습 내용

놀이지원 전략(7Rs)

존중 (Respect)	우리 유치원의 구성원들을 존중하고 소통한다.
반성 (Reflect)	바깥 놀이서 상황을 성찰하고 다양한 아디디어를 성찰해본다.
재고 (Rethink)	거의 교사들에 의해 결정되었던 바깥 놀이터의 시설물, 놀이기구에 대한 선택권에 대해 재고하고 유아에게 일부 선택 권한을 제공해보기로 한다.
재활용 (Reuse)	유치원의 사용하지 않는 자재, 자연물을 활용한다.
절감 (Reduce)	유아들 스스로 만들어봄으로써 비용을 절감한다.
재확산 (Retribute)	함께만든 놀이시설을 공유하고 사용과 관리의 책임을 함께 나눈다.

지속가능발전교육

유아들의 관심과 요구	유아에게 접근 가능한 교수학습 내용
'지금 놀이터는 시시하고 익숙해요'	자유와 권리 사이, 책임
'새로운 놀이터를 만들고 싶어요'	유아의 참여 확대
'안전한 규칙이나 약속이 필요해요'	약속과 규칙에 대한 이해 및 실행
'여긴 뾰족해서 위험할 것 같아요'	일상 속 안전을 위협하는 다양한 요소 인식, 일상에서 안전하게 생활하기
'어떤 놀이터를 만들지 투표해요'	문제 해결과정 참여 및 의사 표현 타인의 의견에 대한 이해 및 존중 타인과의 협력에 기반한 문제해결과정 경험

평가하기

지속가능발전교육 학습 목표 평가

학습목표	내용
인지적 영역	– 지속가능한 생활환경을 이해하고 새롭고 안전하게 놀이터를 구축하기 위한 노력을 기울임 – 건강하고 행복한 삶과 산업, 혁신, 사회기반시설의 확충 및 불평등 완화를 위한 노력, 지속가능한 도시와 지역사회에 대한 인식을 갖게 됨
사회 · 정서적 영역	– 유아 주도적으로 문제점을 인식하고 문제해결과정에 적극적으로 참여하여 민주적 방법으로 소통할 수 있었음 – 바깥 놀이터를 만들어가기 위한 과정에서 타인과의 협력, 협상할 수 있는 사회적 기술 습득함 – 바깥 놀이터가 새롭게 구성되면서 주인의식과 변화를 위한 역량을 강화할 수 있었음
행동적 영역	– 다양한 자원을 활용함 – 잠재되어 있는 위험을 발견하고 보완하고 안전하게 해결하기 위한 방법 모색 – 함께 만든 놀이터를 공유하고 유지 보수에 참여함

SDGs로 평가하기

SDG 3
건강과 웰빙
놀이터의 위험성을 예측,평가하고 안전하게 이용하는 방법을 실천한다

SDG 9
산업,혁신, 사회기반 시설
유치원 생활에 필수적인 기반 시설인 놀이터를 안전하게 구축하는데 기여한다

SDG 10
불평등감소
모든 사람이 역량을 강화하고 참여하면 기여한다

SDG 11
지속가능한 도시와 지역사회
지속가능한 생활환경을 이해하고 구축하기 위한 노력을 한다

3) 환경: 사슴벌레 입양보내기

우리 교실에 살고 있는 사슴벌레 한 쌍.
어느 날 아주 작고 노란 알을 발견했어요. 열다섯 마리의 애벌레가 태어났답니다.
꼬물꼬물 작은 애벌레를 잘 키우고 싶었어요.
그런데, 주말을 보내고 온 어느 월요일, 암컷 사슴벌레가 하늘나라로 가게 되었어요.
우리 교실은 사슴벌레가 살기 힘든 곳인 것 같아요.
소중한 열다섯 마리 애벌레들을 잘 키워줄 수 있는 새로운 주인을 찾아요.

'사슴벌레 입양 보내기'
놀이시작 배경

학급의 연령/인원
만 3세 17명으로 구성되어 있음

이전경험
학기 초부터 과학영역에서는 사슴벌레 한 쌍이 살고 있어서 유아들은 관찰경으로 관찰하거나 먹이용 젤리를 주고 있었음

놀이환경
과학영역에서 사슴벌레 채집통, 관찰경, 관련 도서 등 비치되어 있음

유아들의 관심
유아들이 곤충에 관심이 많아 쌓기영역에서 곤충 모형 이용한 놀이가 이루어짐
사슴벌레의 습성 및 생애,사슴벌레의 먹이, 움직임

교사의 관심과 고민
사슴벌레를 함부로 다루는 아이들에 대한 고민

놀이 발견하기

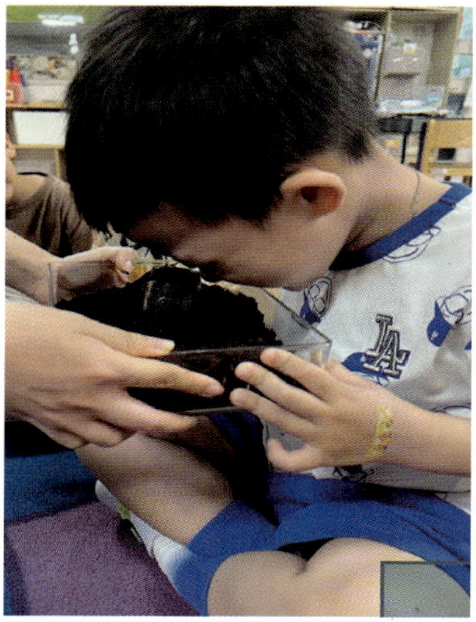

유아 중 한명이 가정에서 가져온 사슴벌레 한 쌍이 우리 반의 과학영역에 살고 있다. 하나의 채집통 속에 암컷 1마리, 수컷 1마리가 있는데, 발효톱밥과 먹이용 젤리도 함께 비치되어 있다. 사슴벌레를 가져온 유아가 사슴 벌레 톱밥이 건조하지 않게 물뿌리개로 물을 뿌려줘야 된다는 것과 먹이로 젤리를 먹는다는 것을 이야기 해주었다. 사슴벌레 덕분에 맑은샘물반의 가장 인기 있는 영역은 과학영역이 되었고, 많은 유아들이 늘 발효톱밥 속에 숨어있는 사슴벌레가 나타나기만을 기다렸다.

- 유아들은 돋보기나 관찰경으로 사슴벌레를 관찰하면서 사슴벌레가 잘 먹는 것, 필요한 환경, 암컷 수컷의 다른 점 등에 관심을 보임
- 유아들은 자율적으로 사슴벌레를 돌보는 일을 하게 되면서 사슴벌레가 잘 살 수 있는 환경을 알아보고자 함
- 몇몇 유아들은 호기심에 톱밥 속에 숨어 있는 사슴벌레를 꺼내기 위해 채집통 뚜껑을 열어 손을 넣어보기도 하고, 밖으로 나온 사슴벌레를 손가락으로 눌러보거나 들어 올리는 모습을 보임

지속가능발전교육의 관점에서 생각하기

- 사슴벌레 주제는 유아들에게 우리 주변에는 다양한 생물이 살고 있으며, 각각의 생물들이 서식하는 생태계 또한 다양하다는 것을 인식할 수 있도록 도울 수 있음
- 생명체를 돌보는 유아들의 태도, 생명존중 및 보존의 의미와 방법을 놀이를 통해 자연스럽게 배움으로 연결지을 수 있을 것으로 판단되어 지속가능발전교육의 환경영역 중 생물다양성 교육으로 적용할 수 있음
- 지속가능발전교육의 관점에서 볼 때 사슴벌레 주제는 환경, 사회문화, 경제의 세 영역 중 환경영역과 가장 밀접한 관련이 있으나 다루어지는 내용들은 사회문화, 경제 영역과도 자연스럽게 연계될 수 있음

환경
- 생물다양성의 의미
- 생물다양성의 환경적 가치
- 생물다양성의 감소
- 생물다양성의 환경적 감소 요인

사회문화
- 생물다양성의 사회문화적 가치
- 생물다양성에 대한 참여와 협력

경제
- 생물다양성의 경제적 감소 요인
- 생물다양성의 경제적 가치

지속가능발전교육 중점영역〈환경〉–생물다양성

유아를 둘러싸고 있는 세계에는 다양한 생물이 살고 있다. 생물다양성이란 세상에 존재하는 모든 생명을 의미하며, 생명을 지키기 위한 환경도 포함한다. 유아기는 다양한 생물에 대한 호기심이 높은 시기로 동식물 관찰을 즐기며, 동식물을 주제로 한 놀이를 경험하며 성장한다. 이러한 유아의 관심과 흥미에 기조하여 놀이 안에서 다양한 생물종을 이해하고 그 가치를 인식하며 생물다양성에 대해 존중하는 태도를 기르도록 하는 것을 목표로 할 수 있다.

'사슴벌레 입양보내기' 놀이 지원하기

"우리 반 사슴벌레 밝은이와 햇살이,
그리고 꼬물꼬물 애벌레 열다섯 마리가
잘 살 수 있는 새로운 집을 찾아요."

01
우리 반에는 사슴벌레가 살고 있어요

02
노란색 작은 알과 꼬물꼬물 애벌레 발견

03
열다섯 마리 애벌레 이사시키기

04
암컷 사슴벌레의 죽음

05
사슴벌레가 잘 살려면?

06
사슴벌레 애벌레의 새로운 주인을 찾아요

07
사슴벌레 애벌레 입양보내기

1. 우리반에는 사슴벌레가 살고 있어요

지속가능발전교육 focus : 생물다양성 존중에 대한 태도 함양

- 사슴벌레 관찰: 사슴벌레는 주로 흙 속에 숨어 있기 때문에 사슴벌레를 관찰하기 쉽지 않자, 유아들은 사슴벌레를 보고 싶다는 이유로 막대기로 흙을 파헤쳐 사슴벌레를 찾아 꺼내는 모습을 보임
- 사육통에서 꺼내봄: 사슴벌레가 흙 밖으로 나오면 움직임이 많지 않은 사슴벌레가 진짜 살아 있는지 확인하겠다며 사육통에서 꺼내 뒤집어 놓거나 손으로 들어 올려 사슴벌레가 바둥거리는 모습을 관찰함

교사의 성찰

- 유아들에게 사슴벌레라는 생명체가 호기심을 자극하는 대상임
- 사슴벌레는 통 밖으로 꺼내어 만지면서 생명을 소중하게 생각하고 보살펴 주어야 한다는 것에 대해 만 3세라 아직 인식이 부족함을 보임
- 생명의 소중함을 알고 사슴벌레를 잘 돌보기 위한 태도를 기를 수 있도록 놀이 지원 방향 설정하기

2. 노란색 작은 알과 꼬물꼬물 애벌레 발견!

지속가능발전교육 focus : 생물다양성의 의미 이해

⊙ 알과 애벌레의 발견: 교사가 발효톱밥을 갈아주던 중 알과 애벌레를 발견. 관찰할 수 있도록 관찰도구(루페)를 제공하였고 유아들은 루페를 이용해 알과 애벌레를 관찰해 보았음

⊙ 사슴벌레의 번식: 알과 애벌레 합쳐서 총 열다섯 마리의 새로운 가족이 생겼음을 확인함

교사의 성찰

- 알이 발견되고 애벌레가 태어남으로서 우아들은 작고 여린 생명임을 알게 되고 더 소중하게 대하는 모습을 보임
- 큰 사육통으로 바꿀 때 유아들이 직접 해보는 해볼 수 있도록 경험을 줄 필요가 있겠음

3. 열다섯 마리 애벌레 이사시키기

애벌레가 커졌어요.
집이 작을 것 같아.
조금 큰 유충병으로 이사 시키자.
얘는 기니까 길쭉이라고 하자.
그럼 얘는 사랑이
내가 이름 써줘야지.

지속가능발전교육 focus : 생태계의 보호와 지속가능한 관리

- 애벌레 서식환경 조성: 애벌레가 조금씩 커지면서 임시 보관했던 통이 작은 것 같다고 함
- 유충병으로 애벌레를 옮겨 주기로 하고, 유아들이 직접 유충병에 발효톱밥을 눌러 담고, 애벌레를 한 마리씩 옮기도록 함
- 애벌레에 대한 애정: 유아들은 한 마리씩 옮기면서 조심스럽게 애벌레를 이동시킴. 애벌레의 모습이나 움직임의 특징을 이야기 하며 애정을 가지고 이름을 지어주는 모습을 보임
- 이름 짓기: 교사와 함께 이름표를 만들어 유충병에 달아줌

교사의 성찰

- 교사의 우려와 달리 유아들은 애벌레를 소중하게 대하며 유충병으로 이사를 시켜줌
- 유아들이 직접 돌보는 경험을 통해 생명의 소중함을 알아가고 있음

4. 암컷 사슴벌레의 죽음

지속가능발전교육 focus : 생물다양성의 감소와 환경적 가치 재고

⊙ 사슴벌레 밝은이의 죽음: 주말을 지내고 온 월요일, 암컷 사슴벌레 밝은이가 사육통에서 나와 교구장 위에 뒤집어져 죽어 있는 것을 교사가 발견함

⊙ 애도: 유아들에게 알리고 애도하며 유치원 바깥 놀이터 큰 나무 밑에 묻어줌. 유아들은 그림을 그리기도 하고, 편지를 쓰면서 죽음을 애도하는 시간을 가짐

교사의 성찰

- 사슴벌레의 죽음을 어떻게 알려야할지 걱정되었지만 유아들은 자신의 방법으로 죽음을 받아들이는 모습을 보임
- 유아들은 사슴벌레가 안전하게 살기에는 교실이 부적절하다는 생각을 하게됨. 사슴벌레가 잘 살 수 있는 환경적 측면에 대해 알아볼 필요가 있음

* 관련 자료(도서, 영상, 교구) 제공하기

5. 사슴벌레가 잘 살려면?

지속가능발전교육 focus : 생물다양성에 대한 참여와 협력

사슴벌레는 물, 참나무즙, 곤충젤리 이 세 가지를 좋아한대요.
톱밥에 물을 자주 뿌리자.
손으로 톱밥을 쥐었다 폈을 때 뭉쳐 있어야 사슴벌레가 살기 좋아.
뒤집어져도 짚고 일어날 수 있게 나무조각을 넣어줄까?

- ⊙ 사슴벌레에 대한 조사: 도서, 영상, 인터넷 검색 등 다양한 방법으로 사슴벌레가 잘 살기 위해 필요한 요소들을 알아봄
- ⊙ 서식환경구성: 유아들은 돌봄 영역에서 사슴벌레와 애벌레를 잘 돌보기 위해 알아본 것들을 열심히 실천하며 먹이와 환경을 제공함
- ⊙ 관찰: 가장 큰 애벌레 행복이가 3령이 되기 위해 허물을 벗고 있는 것을 발견하고, 애벌레가 머리부터 허물을 벗으며, 허물을 막 벗었을 때 원래 노란색인 머리(두각)가 하얗다는 사실도 알게 됨

교사의 성찰

- 유아들이 애정을 갖고 보살피는 과정에서 애벌레의 성별을 구별할 줄 알게됨
- 허물 벗는 모습을 발견하고, 진지하게 관찰하며 애벌레를 응원하는 모습에서 사슴벌레와 애벌레를 존중하게 되었으며, 탐구와 발견의 과정을 경험하게 되었음

* 돌봄영역 확장하기, 사슴벌레 성장 과정판 부착하기

6. 사슴벌레 애벌레의 새로운 주인을 찾아요.

지속가능발전교육 focus : 생물다양성의 환경적 감소요인 파악 및 사슴벌레 애벌레를 위한 협력과 공동의 노력

이제 애벌레가 많이 컸다!
번데기 되고나서 사슴벌레로 변신하면 어떻게 해요?
열다섯 마리가 다같이 살 수 있을까?
우리 교실은 사슴벌레가 살기에 좋지 않은 것 같아.
잘 키울 수 있는 사람에게 보내주는 건 어때?

⊙ 사슴벌레의 성장환경에 대한 성찰: 사슴벌레 애벌레가 성장함에 따라 열다섯 마리의 애벌레를 키우기에 우리 교실 환경이 좋지 않음을 이야기 함

⊙ 사슴벌레 입양제안: 이야기 나눈 끝에 사슴벌케 애벌레를 잘 키울 수 있는 멋진 주인을 찾아주자는 의견이 나옴

⊙ 입양할 주인의 조건 논의

사슴벌레를 키울 수 있는 멋진 주인 4가지 조건을 정해봄

- '애벌레를 버리지 않고 소중하게 키울 수 있는 사람'
- '다치지 않게 잘 보살펴 주는 사람'
- '밥을 잘 챙겨주고 사랑해 줄 수 있는 사람'
- '톱밥을 촉촉하게 하고 자주 갈아주는 사람'

⊙ 입양 안내문 작성: 유치원 전체에 사슴벌레 애벌레의 멋진 주인을 찾고 있음을 알리기로 하고 다른 반에 직접 알리거나 포스터를 제작하여 유치원 곳곳에 부착함

교사의 성찰

- 애벌레 주인을 찾기 위한 과정에서 유아들이 애벌레가 무섭고 징그러운 것이 아니고 귀엽고 소중한 생명체임을 경험하게 됨
- 유아들의 생명존중에 대한 인식이 변해가고 있음이 나타남

* 입양 보내기 위한 준비가 필요함

7. 사슴벌레 애벌레 입양보내기

환경 경제 사회 문화 **지속가능발전교육 focus : 사슴벌레 애벌레를 위한 협력과 공동의 노력**

⊙ 상세하게 만든 사슴벌레 안내문: 사슴벌레 애벌레 열다섯 마리의 이름, 성별, 생애, 잘 키우는 방법 등을 소개하는 영상과 함께 유아들의 목소리로 애벌레 한 마리 한 마리를 소개하는 말을 녹음하여 홍브 포스터에 QR 코드로 제작하여 유치원 입구와 곳곳에 부착함

⊙ 입양신청서 제작: 사슴벌레 애벌레의 입양 신청은 유치원 입구에서 할 수 있도록 비치해 둠

⊙ 입양 완료: 하루 만에 열다섯 마리에 대한 입양 신청이 끝났고, 다음날 유아들은 입양을 보낼 때 함께 보내기로 한 여분 톱밥, 곤충젤리, 잘 키우는 방법 안내문, 사슴벌레의 성장과정 설명문 등을 준비하여 새로운 주인으로 선정된 유아들에게 직접 전달함

교사의 성찰

- 유아들은 멋진 주인이 되고 싶어 하는 가족이 많다는 사실에 놀랐고, 직접 이름 지어준 애벌레를 좋은 주인에게 보내기 위해 정성을 다하는 모습을 보임
- 애벌레를 소개하고, 홍보하여 입양 보내는 과정을 통해 유아들이 뿌듯해하고 성취감을 가짐
- 사슴벌레의 관찰, 번식의 생태적 영역에서 시작한 놀이가 사슴벌레에게 더 살기좋은 환경으로 입양보내기로 하는 과정에서 협력, 의견교환, 생명에 대한 소중함 등의 사회적 영역의 경험으로 확대되는 기회였음

지속가능발전 7Rs전략과 교수학습 내용

놀이지원 전략(7Rs)

존중 (Respect)	다양한 생태환경에 대한 존중의 태도를 갖는다.
반성 (Reflect)	생태 및 삶의 방식에 대해 반성적으로 사고한다.
재고 (Rethink)	생물다양성의 환경적 가치에 대해 다시 생각한다.
재활용 (Reuse)	생명 돌봄의 과정에서 다시 활용하는 다양한 방법을 경험한다.
재확산 (Retribute)	생명 돌봄을 통해 생명다양성 및 존중에 대한 태도를 재확산 시킨다.
재사용 (Reuse)	생명 돌봄에 필요한 다양한 자료들을 자연에서 얻어 재사용 한다.
절감 (Reduce)	생태계 보존을 위한 자원 낭비를 줄이도록 노력한다.

지속가능발전교육

유아들의 관심과 요구	유아에게 접근 가능한 교수학습 내용
'사슴벌레는 뭘 먹어요?'	생명유지, 습성 이해
'사슴벌레는 어떤 집에 살아요?'	생명과 환경의 관계
'사슴벌레를 잘 돌보고 싶어요'	생명존중에 대한 태도 함양, 인간의 책임, 생물다양성 보전의 의미와 방법에 대한 이해
'애벌레가 어떻게 사슴 벌레로 변신해요?'	생태계 이해, 생태적 감수성 확산
'사슴벌레가 죽었어요...'	생물의 다양성의 감소와 원인, 생존 죽음

평가하기

지속가능발전교육 학습 목표 평가

학습목표	내용
인지적 영역	– 사슴벌레와 애벌레의 성장과정을 관찰하고 탐구하는 것을 통해 사슴벌레의 생태학적 지식을 학습하고, 생물다양성의 개념과 가치에 관심을 갖게 됨 – 사슴벌레의 새로운 주인을 찾기 위한 과정에서 체계적 사고를 통해 문제를 인식하여 의사표현 하는 모습을 나타냄
사회 · 정서적 영역	– 생물다양성 존중에 대한 태도를 함양함 – 생명체를 보살피는 돌봄의 과정에서 타인에 대해 이해하고 배려하는 마음을 갖게 됨
행동적 영역	– 생명체 보전의 의미와 방법에 대해 알고 실천하기 위한 노력을 함 – 사슴벌레를 입양보내기 위해 유아들이 할 수 있는 행동을 적극적으로 실천함

SDGs로 평가하기

SDG 4

양질의 교육
사슴벌레의 습성 및 생애를 이해한다.

SDG 15

육상생태계
생태계를 경험하고 생물 다양성에 대한 위협에 대비한다.

SDG 17

파트너십
생물다양성의 중요성을 이해하고 공동으로 실천한다.

참고문헌

권영임 (2010). 영국의 지속가능발전교육 추진 현황에 관한 연구–유아 및 초등학교 아동을 대상으로–. 생태유아교육연구, 9(1), 119–136.

교육부 (2020). 유아 · 놀이 중심 교육 지원을 위한 학습공동처 실천이야기. 서울: 교육부.

교육부, 보건복지부 (2019). 2019 개정 누리과정 해설서.

교육부, 보건복지부 (2019). 2019 개정 누리과정 놀이실행자료. 서울: 교육부, 보건복지부.

김미진 (2023). 유아교사의 교사학습공동체 참여 경험에 대한 개념도 연구. 아동교육, 32(1), 87–113.

모경환, 박새롬, 연준모, 이경윤, 임정수 (2010). 지속가능발전교육 역량 개발 프로젝트–초등학교 ESD 수업모듈. 서울: 유네스코한국위원회, 서울특별시교육청.

박은혜, 장인영, 박세령, 김지은, 김교령, 손혜진 (2022). 영유아교사를 위한 지속가능발전교육. 아이코리아.

박은혜, 한산섬 (2022). 국내 유아기 지속가능발전교육 연구동향에 대한 키워드 네트워크 분석. 교육과학연구, 53(3), 383–402.교육부, 보건복지부, 2019).

서경혜(2013). 교사 학습에 대한 공동체적 접근. 교육과학연구, 44(3), 161–191.

서경혜, 황승우 (2021). 코로나 19 시대 교육불평등 해소 정책에 대한 비판적 고찰. 교육과학연구, 52(4), 179–207.

유네스코한국위원회 (2019). 지속가능발전목표 달성을 위한 교육: 학습목표. 서울: 유네스코한국위원회.

유엔한국위원회 (2021). SDGs(지속가능발전목표) 돋보기.

임부연, 김은영 (2018). 놀이중심 유아교육을 위한 누리과정 개편. 한국생태유아교육학회 학술대회자료집, 2018(3), 27–38.

최은영, 도남희, 김은정, 장혜진, 김민주, 이솔미 (2020). 영유아기 지속가능발전교육 실천 방안 연구. 육아정책연구소.

Bansilal, S. (2016). The role of play in early childhood development and education. *South African Journal of Childhood Education*, *6*(1), 1–9.

Davis, J. M. (Eds.) (2014). 영유아와 환경: 유아기 지속가능성을 위한 교육 (박은혜, 신은수, 유영의, 이성희 공역.) 서울: 학지사.

Davis, J. M. (2015). *Sustainable development education and early childhood: A holistic perspective*. In International Handbook of Early Childhood Education(pp. 547-568). Springer.

Engdahl, I., & Rabussicova, M. (2010). Children's voices about the state of the earth and sustainable development: A report for the OMEP world assembly and world congress on the OMEP. World Project on Education for Sustainable Development 2009-2010. Gotenberg, Sweden: OMEP.

Siraj-Blatchford, J., Smith, K. C., & Samuelsson, I. P. (2012). 유아를 위한 지속가능발전교육(신은수, 박은혜 공역). 서울: 이화여자대학교출판부.

UNESCO (2005). *United Nations Decade of Education for Sustainable Development* (2005-2014): International Implementation Scheme. Paris: UNESCO.

United Nations (2015). *Transforming our world: the 2030 Agenda for Sustainable Development*.(A/RES/70/1)

Unesco (2018a), *Integrating education for sustainable development in teacher education in South East Asia: A guide for teacher educators*, Paris, France: UNESCO.

UNESCO (2018b). *Issues and trends in Education for Sustainable Development*. Paris, France: UNESCO.

Vescio, V., Ross, D., & Adams, A. (2008). A review of research on the impact of professional learning communities on teaching practice and student learning. *Teaching and Teacher Education*, 24(1), 80-91.

Rauch, F., & Steiner, R. (2013). Competences for Education for Sustainable Development in Teacher Education. CEPS Journal: Center for Educational Policy Studies Journa, 3(1), 9 - 24.

Skolverket (2018). Läroplan för förskolan, Lpfö 18. https://www.skolverket.se/andra-sprak-other-languages/english-engelska.

Boileau, E., Dabaja, Z., & Harwood, D, (2021). Canadian nature-based early childhood education and the UN 2030 agenda for sustainable development: A partial alignment. *International Journal of Early Childhood*, *9*(1), p77-93.

Little Green Step. WA, (2020). https://littlegreenstepswa.org.au.

〈지속가능발전교육 교사용 참고 자료〉

구분	제목	설명
도서	김다원, 김세미, 문은주, 윤정, 최규식, 안효의(2022). **지속가능발전교육, 어떻게 할까?**. 푸른길.	지속가능발전교육을 먼저 접하고 실천한 교사들이 겪은 시행착오와 노하우가 담김
	최원영(2021). **달력으로 배우는 지구환경 수업**. 블랙피쉬.	달력 속 세계의 환경 관련 51가지 기념일의 기원과 의미를 소개하고 기념일에 맞는 환경보호 방법 100여가지 수록
	미힐 로스캄 아빙(2020). **플라스틱 수프**.(김연옥 역). 양철북.	플라스틱으로 인한 오염의 실태를 정리하고, 해결을 위한 노력을 정리한 책
	손영혜(2020). **잘 버리면 살아나요**. 목수책방.	50가지 질문과 대답으로 올바른 쓰레기 분리배출을 알아볼 수 있음
	호프 자런(2020). **나는 풍요로웠고 지구는 달라졌다**. (김은령 역). 김영사.	이전에 우리가 누려왔고 누릴 수 있는 풍요로운 삶에 관한 이야기로 더 많이 빨리 소비하는 생활이 만들어낸 심각한 문제를 다루고 있음
	그림책사랑교사모임(2023). **그림책으로 시작하는 민주시민교육**. 맘에드림.	그림책을 매가로 교실에서 아이들과 함께 시민의식과 감수성, 민주적 문제해결력을 키우는 수업사례를 소개함
	정우탁(2021). **세계시민교육과 SDGs**. 주류성.	UN 지속가능발전목표에 세계시민교육을 넣게된 과정을 밝히면서 국제사회에서 준비하고 행동해야 할 것을 제시함

구분	제목	설명	비고
영상	유네스코 한국위원회-모두가 함께 달성해가는 SDG4 https://www.youtube.com/watch?v=uR3FGjdK26o	SDG 소개와 함께 SDG4인 양질의 교육에 있어서 구체적인 내용이 소개됨	
	UNICEF KOREA-전 세계 어린이의 지속가능발전목표 달성을 위해 https://www.youtube.com/watch?v=K-fooEfLOpeI	세계의 어린이들이 SDG 달성을 위해 옳지 않다고 생각하는 문제들을 살피고 목소리를 내며 자신들의 권리를 요구하고 있음을 담은 내용	
	UNICEF KOREA-말랄라가 소개하는 지속가능발전목표 https://www.youtube.com/watch?v=pNv7QHxAt5Q	노벨평화상 수상자인 파키스탄의 말랄라 유사프자이의 목소리로 UN이 선정한 SDG 17가지 소개한 영상으로 애니메이션으로 제작됨	
	서울특별시교육청 생태전환교육-지속가능발전교육 https://www.youtube.com/@user-tn8l-g6wl8b	지속가능발전교육 관련 초등교육자료로 14가지 주제의 영상으로 제작됨	
	전라북도교육청 유아교육진흥원 https://www.youtube.com/@user-gp-3no1wq2v/about	전라북도교육청 유아교육진흥원에서 개발한 유아 환경교육 컨텐츠로 환경관련 다양한 내용을 애니메이션으로 제작한 교육자료	
	EBS Documentary- 세계의 아이들: 가라앉는 섬나라, 투발루 https://www.youtube.com/watch?v=N-VOqAE9mkr8	기후변화로 인해 해수면이 상승해 50년이 지나면 사라져 볼수 없는 나라 투발루에 대한 이야기	
웹 사이트	글로벌 생태 발자국 네트워크 www.footprintnetwork.org	개인별 생태 발자국을 측정해볼 수 있는 사이트	

구분	제목	설명	비고
웹 사이트	물발자국 네트워크 www.waterfootprint.org	생활방식에 따라 제안된 문항에 답변하여 가인의 물발자국을 계산해볼 수 있는 사이트	
	한국 기후 · 환경 네트워크 www.kcen.kr	탄소 발자국 계산 및 기후 · 환경 관련 교육자료, 동영상 자료 열람 가능한 사이트	
	국가 지속가능발전 포털 www.ncsd.go.kr	지속가능발전 관련 연구 및 최신 동향, 교육자료, 실천사례 열람 가능한 사이트	
	세계유아교육기구 한국위원회 www.omepkorea.org	세계유아교육기구 프로젝트 ESD 수상자료 및 유아용, 교사용 참고자료 열람 가능한 사이트	
	유네스코 한국위원회 – 지속가능발전교육 https://esd.unesco.or.kr/	'유네스코 지속가능발전교육 공식 프로젝트 인증제'에 대한 안내와 국내 기관, 단체, 학교, 지역사회 등에서 실천하고 있는 ESD 우수사례를 소개함	
	국가 환경교육 통합 플랫폼 https://www.keep.go.kr/	환경교육 관련 컨텐츠와 우수사례를 소개하고 교구와 도서, 환경교육 관련 기관들에 대한 정보를 얻을 수 있음	
	I-누리 https://i-nuri.go.kr/main/index.do	배움누리의 현장지원자료에서 지속가능발전 기반 기후환경, 환경교육 프로그램의 온라인 동영상 콘텐츠와 교수학습자료 및 교사용 지도서, 부모용 자료집 등을 열람할 수 있음	

구분	제목	설명	비고
웹 사이트	국가기후위기적응 정보포털 https://kaccc.kei.re.kr/portal/	기후위기에 대한 소개와 함께 기후변화 적응 교육 관련 자료 열람 가능	
	국립환경과학원 https://nier.go.kr/NIER/index.do	환경건강, 기후대기, 물환경, 환경자원 등의 연구 자료 열람 가능	
연구 자료	최은영 외(2020). 영유아기 지속가능발전교육 실천 방안 연구. 육아정책연구소. http://www.kicce.re.kr	국내외 SDGs, ESD 자료, 최근 개정된 표준보육과정과 2019 개정 누리과정의 지속가능발전교육 내용을 분석하였고, 유치원 및 어린이집 교원을 대상으로 영유아기 지속가능발전교육에 대한 인식과 실행을 조사한 연구보고서.(연구보고 2020-16)	
	유네스코한국위원회(2019). 지속가능발전목표 달성을 위한 교육:학습목표. (이정현 역). 유네스코 한국위원회. www.unesco.or.kr	SDGs를 달성하기 위한 ESD 활용방법을 알려주는 지침서로 각 SDG에 대한 주제 및 학습 활동을 제안하고 있음	
	OMEP(2019). 2019 ESD Rating Scale(2ed). https://omepworld.org/education-3/	세계유아교육기구(OMEP)에서 개발한 유아기 지속가능발전교육을 점검할 수 있는 관찰기준 및 평가도구(ERS)	
	서울특별시교육청(2020). 지속가능발전교육 지도자료. 서울: 서울특별시교육청.	초등교사용 지도서로 SDG 목표에 따라 나눔, 기아체험, 건강과 복지, 성평등, 물부족, 에너지의 이용, 일자리 확대와 경제성장, 기후변화, 불평등 해소, 자원 순환, 평화 등을 주제로 교수학습 활동과 도움 자료 등을 제공함	
	교육부(2013). 유치원 대상 지속가능발전교육 프로그램 개발. 유·초등 지속가능발전교육 분야 핵심교원 양성사업 보고서.	30가지 주제로 환경, 사회문화, 경제 영역의 활동들이 수록	
	다음세대재단(2019). 다이버시티코리아 프로젝트: 문화다양성 교육 사례집. 다음세대재단.	문화다양성 주제 평화, 성소수자, 세대, 여성, 다른 지역 문화 등을 그림동화를 통해 초등학생 대상 교수학습 내용을 제공함	

구분	제목	설명	비고
	육아정책연구소(2020). 영유아기 지속가능발전교육 실천방안. 육아정책연구소 · 유네스코한국위원회 공동주최 콜로키움 세미나 자료2020-10.	지속가능발전교육의 최근 세계 동향과 유치원과 어린이집 교사의 ESD 인식과 실행, 개정된 교육과정의 ESD 내용을 담고 있으며, 영유아기 ESD 국내외 사례를 소개함	
	전라남도교육청(2022). 지구를 지키는 아이들의 생태환경 이야기. 전라남도유아교육진흥원.	생태환경 교육을 누리과정과 연계하여 설명하면서, 교사의 역할과 세부영역을 생물다양성, 자원순환, 에너지, 공기로 나누어 놀이 사례를 제시함	

〈지속가능발전교육 추천 그림책〉

제목	작가 및 출판사	내용
모두섬 이야기	오진희, 엄정원(2015). 내 인생의 책.	모두섬의 기적의 열매 '노랑 보숭이'에 대한 무분별한 개발로 섬이 망가져가는 이야기로 현대 사회의 탐욕과 끊임없는 개발이 초래한 환경 파괴 문제를 다루고 있음
오, 멋진데!	마리 도를레앙(2020). 이마주. (원서 2015 출판)	유행과 소비에 대한 내용으로 사람들의 소유욕과 과시욕을 우스꽝스럽게 그리고 있음
할머니의 조각보	패트리샤 플라코(2018). 미래아이. (원서 1988 출판)	물건을 다시 활용하여 사용할 수 있는 생활습관에 대한 이야기를 다루고 있음
달 샤베트	백희나(2014). 책 읽는 곰.	사람들이 사용하는 에너지로 인해 녹아버린 달이 미치는 영향에 대한 이야기를 다루고 있음
두 아이 이야기	틸린 코지코으로, 휘세인 쇤메자이(2021). 도토리숲. (원서 1993 출판)	평화에 대한 이야기로 전쟁으로 인한 정치, 경제적인 불안 등으로 서로 다른 환경에 살고 있는 두 가족의 이야기를 상징적으로 나타내고 있음
일곱 나라 일곱 어린이의 하루	맷 라모스(2018). 풀빛. (원서 2021 출판)	세계 여러 나라 문화와 생활 방식을 일곱 나라의 어린이의 일상을 통해 소개
분홍 소녀 파랑 소년	페트리샤 피티(2020). 푸른숲 주니어.	양성평등에 관한 이야기로 색깔과 같이 성별을 구분하는 기준이 옳은지 생각해 볼 수 있는 내용
이웃의 이웃에는 누가 살지?	채인선, 김우선(2015). 미세기.	다양한 가족의 형태와 직업, 살아가는 모습을 통해 '다양성'에 대해 생각해 볼 수 있는 내용
불을 꺼 주세요	마샤 다이앤 아널드, 수전 레이건(2021). 푸른숲 주니어.	인간이 인위적으로 만든 조명으로 인한 빛 공해의 심각성을 나타낸 내용
모두모두 함께라서 좋아	해나 샐리어(2022). 보물창고.	다양한 종의 생물들의 모습을 보여주는 생태 그림책으로 다양한 생물 종의 생존과 번창이 중요하다는 메시지를 전달
동물도 행복할 권리가 있을까?	올라 볼다인스카-프워친스카(2020). 우리학교.	36가지 동물 권리에 대한 이야기로 사람과 동물의 관계가 변화해 온 내용을 담고 있음

아마존 숲의 편지	잉그리드 비스마이어 벨링하젠(2010). 걸음동무.	아마존의 열대 우림과 조화를 이루며 살아가는 다양한 동물과 식물, 원주민과 숲의 개발로 인한 폐해가 대비되면서 개발에 대한 메시지를 담고 있음
거인 사냥꾼을 조심하세요	콜린 맥노튼(2000). 시공주니어.	사람들 때문에 숲이 줄어들게 되고 숲에서 쫓겨난 나무 거인이 꼬마 사냥꾼을 만나 이야기를 나누며 자연보호에 대한 메시지를 전함
플라스틱 섬	이명애(2020). sang.	버려진 플라스틱이 바다에서 거대한 섬을 만들어 떠다니게 되었고, 0 러한 플라스틱 쓰레기들은 바다를 오염시키고 바다 생물들을 고통스럽게 하고 있음을 알리는 내용
비닐봉지가 코끼리를 잡아먹었어요	김정희, 이희은(2019). 사계절.	케냐의 소년 와쿠구는 옥수수밭에 찾아 온 아기 코끼리를 따라갔다가 코끼리 한 가족이 모두 죽어 있는 것을 발견했는데, 코끼리 위 속에 비닐봉지가 들어 있다는 것을 조사를 통해 알게 되어 코끼리를 보호하기 위한 고민을 하게 되는 이야기
또 마트에 간 게 실수야!	엘리즈 그라벨(2013). 토토북.	대형마트의 화려하게 포장된 물건들을 충동구매 하면서 벌어지는 이야기로 잘못된 소비 습관을 꼬집는 이야기
리아와 수도꼭지	아도넬라 코마체토, 마리안나 투르키(2013). 키즈엠.	물의 소중함을 이야기 하는 그림책으로 소중함을 잊고 지내지만, 아껴쓰지 않으면 사라질 수 있다고 경고함
재활용 아저씨 고마워요	알리 미트구치(2021). 풀빛.	재활용 아저씨 크링겔씨를 통해 사람들이 물건을 쉽게 사고 함부로 버리는 태도를 꼬집고, 버려진 물건을 잘 활용만 하면 다시 생활에 꼭 필요한 물건으로 재활용 될 수 있다는 것을 보여줌
지구를 위한 한 시간	박주연, 조미자(2011). 한솔수북.	'지구촌 불 끄기 운동'에 대한 이야기로 한 시간 불 끄는 것으로 어떻게 에너지를 절약하게 되는지에 대한 이야기
고래를 삼킨 바다 쓰레기	유다정, 이광익(2019). 와이즈만 북스.	바다 쓰레기가 어떻게 생태계를 황폐화시키고 인간에게 어떤 위협이 되는지 알리면서 쓰레기를 줄이기 위해 필요한 노력들을 보여줌
똥으로 종이를 만드는 코끼리 아저씨	투시타 라나싱헤, 로샨 마르티스(2013). 책공장더불어.	삶의 터전을 잃은 코끼리가 사람들이 사는 마을로 내려와 공존을 방법을 찾아가는 내용

집필진

김혜경
서울여자대학교 아동학과 교수

정은주
서울여자대학교 아동학과 강사

박지원
서울여자대학교 아동학과 강사

황인희
서울여자대학교 부속유치원 부장 교사

박수민
서울여자대학교 부속유치원 교사

구민경
서울여자대학교 부속유치원 교사

방수지
서울여자대학교 부속유치원 교사

어린이교육의 기본 바로 알기 시리즈 13

변화의 씨앗 – 놀이를 통한 지속가능발전교육 바로 알기

초판 1쇄 인쇄 2023년 8월 16일
초판 1쇄 발행 2023년 8월 23일

지 은 이 | 김혜경 · 정은주 · 박지원 · 황인희 · 박수민 · 구민경 · 방수지
펴 낸 이 | 김기섭
편 집 인 | 이현남
펴 낸 곳 | 창지사 www.changjisa.com
08589 서울시 금천구 가산디지털 1로 83 파트너스타워 1차 9층
전화 (02)719-2211~3
팩스 (02)701-9386
등　　록 | 1977년 4월 28일 · 제1-421호

ISBN 978-89-426-1842-2 (93370)

값 13,000원